स्वामी रामतीर्थ
के
प्रेरक विचार

स्वामी रामतीर्थ के प्रेरक विचार

अनिल कुमार

ज्ञान गंगा, दिल्ली

प्रकाशक : ज्ञान गंगा, 2/42, अंसारी रोड, दरियागंज, नई दिल्ली–110002
सर्वाधिकार : सुरक्षित / संस्करण : 2025 / मूल्य : तीन सौ पचास रुपए
मुद्रक : आर–टेक ऑफसेट प्रिंटर्स, दिल्ली ISBN 978-93-93111-08-1

SWAMI RAMTIRTH KE PRERAK VICHAR
by Shri Anil Kumar ₹ 350.00
Published by **GYAN GANGA**
2/42, Ansari Road, Daryaganj, New Delhi-110002

स्वामी रामतीर्थ : एक दिव्य जीवन

स्वामी रामतीर्थ एक महान् तत्त्वज्ञानी और धर्मोपदेशक थे। उनका जन्म 2 अक्तूबर, 1873 को पंजाब के गुजराँवाला जिले के मुरारीवाला गाँव में हुआ था। उनके पिता गोसाईं हीरानंद पुरोहिताई करके अपने परिवार की जीविका चलाते थे। गोस्वामी तुलसीदासजी के वंश से उनके परिवार का संबंध था।

रामतीर्थ के दादा गोसाईं रामचंद्र अपने समय के प्रसिद्ध ज्योतिषी थे। रामतीर्थ की कुंडली बनाते समय ही उन्होंने यह बात स्पष्ट कर दी थी कि 'रामतीर्थ' बहुत बड़ा विद्वान् तथा धर्म-प्रचारक बनेगा; किंतु बहुत कम आयु तक ही वह इस संसार में रहेगा।

बालक रामतीर्थ के जन्म के लगभग एक वर्ष बाद ही उनकी माता का देहांत हो गया। पिता गोसाईं हीरानंद ने रामतीर्थ की देखभाल का दायित्व अपनी बहन धर्म देवी को सौंप दिया। धर्म देवी ने बड़े स्नेहपूर्वक रामतीर्थ का पालन-पोषण किया। बालक रामतीर्थ का शरीर तो बहुत दुबला-पतला था, लेकिन उनकी आँखों में एक विशेष प्रकार की चमक थी।

बचपन से ही रामतीर्थ को मंदिर जाना और प्रवचन सुनना बहुत अच्छा लगता था। शंख की ध्वनि सुनकर तो वे इतने प्रसन्न हो जाते थे कि अपने खिलौने और मिठाई तक भी छोड़ देते थे। यह देखकर उनकी

बुआ धर्म देवी उन्हें रोज मंदिर ले जाने लगीं। वहाँ रामतीर्थ बहुत शांत होकर कथा-प्रवचन सुनते थे। धीरे-धीरे उन्हें कथा से इतना प्रेम हो गया कि मंदिर में कथा सुनते समय वे घर जाने के लिए भी तैयार नहीं होते थे।

चार वर्ष की उम्र तक रामतीर्थ को रामायण, महाभारत, भागवत तथा पुराणों की कई कथाएँ कंठस्थ हो गईं। वे एकांत में बैठकर उन कथाओं के बारे में ही सोचा करते थे। उन्हें 'गीता' के कई श्लोक याद हो गए थे। उनकी बुद्धि और स्मरण-शक्ति इतनी तेज थी कि एक बार सुनी गई कथा के संबंध में पूछे गए किसी भी प्रश्न का जवाब वे बड़ी अच्छी तरह दे देते थे। परिवार और गाँव के लोग उनकी तीक्ष्ण बुद्धि की बहुत प्रशंसा करते थे।

पाँच वर्ष की आयु में रामतीर्थ को पढ़ने के लिए पाठशाला भेजा गया। अपनी बुद्धि और परिश्रम के बल पर थोड़े ही दिनों में उन्होंने पाठशाला के सभी अध्यापकों का दिल जीत लिया। मौलवी मुहम्मद अली का उनके ऊपर बड़ा स्नेह था। उन्होंने रामतीर्थ को उर्दू और फारसी की शिक्षा दी। पाँचवीं कक्षा पास करते-करते रामतीर्थ ने स्कूल की पुस्तकों के साथ-साथ उर्दू और फारसी की भी कई अन्य पुस्तकें पढ़ लीं।

रामतीर्थ एक भिन्न प्रकृति के बालक थे। उनका अधिकांश समय खेलने-कूदने के बजाय पढ़ाई में ही व्यतीत होता था। शाम को कथा सुनने के लिए वे नियमित रूप से मंदिर जाते थे और वहाँ से लौटकर ही भोजन करते थे। उसके बाद वे सुनी कथा को अपने घरवालों को सुनाते थे।

गाँव की पाठशाला से प्रारंभिक शिक्षा पूरी करने के बाद रामतीर्थ को गुजराँवाला हाई स्कूल में भरती करा दिया गया। वहाँ उन्होंने बाल ब्रह्मचारी भक्त धन्नाराम के संरक्षण में पाँच वर्ष तक पढ़ाई की। वह एक आध्यात्मिक पुरुष थे। उनकी प्रकृति और सिद्धियों से रामतीर्थ बहुत प्रभावित हुए। उनकी कविताएँ और आध्यात्मिक बातें सुनकर रामतीर्थ

का मन भक्ति-भावना से भर गया। जल्दी ही उनसे रामतीर्थ को इतना लगाव हो गया कि उनके बिना वे गाँव में एक दिन भी नहीं रह पाते थे।

उन दिनों समाज में बाल-विवाह प्रथा प्रचलित थी। दस वर्ष की आयु में ही रामतीर्थ का विवाह कर दिया गया। विवाह के बाद भी उन्होंने अपनी पढ़ाई पहले की तरह जारी रखी। दसवीं कक्षा पास करने के बाद जब वे अपने घर गए तो पिताजी ने उन्हें अपनी पढ़ाई छोड़कर नौकरी कर लेने के लिए कहा। परंतु रामतीर्थ को ज्ञानार्जन का बहुत शौक था, इसलिए उन्होंने परिस्थितियों की ओर ध्यान नहीं दिया और आगे की पढ़ाई के लिए लाहौर मिशन कॉलेज में दाखिला ले लिया।

गणित रामतीर्थ का प्रिय विषय था। जब वे बी.ए. की गणित की परीक्षा दे रहे थे, तब प्रश्नपत्र में कुल तेरह प्रश्न दिए गए थे। परीक्षार्थियों को निर्देश दिया गया था कि वे उनमें से कोई भी नौ प्रश्न हल करें। रामतीर्थ ने सभी तेरह प्रश्न हल कर दिए और उत्तर पुस्तिका में ही परीक्षक को संबोधित कर एक नोट लिख दिया कि उनमें से किन्हीं नौ उत्तरों को वे देख लें।

रामतीर्थ हर प्रकार की विपरीत परिस्थिति में भी अध्ययन में आगे रहे। कॉलेज की पढ़ाई के दौरान कभी-कभी उनके पास इतने पैसे भी नहीं रहते थे कि वे कुछ खरीदकर खा सकें। उन्हें ज्ञानार्जन का इतना शौक था कि वे कम खाकर और कम पहनकर भी कुछ पैसे बचाते थे, ताकि उनसे पुस्तकें खरीद सकें। उनका मानना था कि खूब मेहनत करने से जो ज्ञान प्राप्त होता है और दिलचस्पी से काम करने में जो आनंद आता है, वह अप्रतिम होता है।

सन् 1893 में बी.ए. की परीक्षा पास करके रामतीर्थ ने एम.ए. करने के लिए गवर्नमेंट कॉलेज में दाखिला लिया। उन दिनों वे प्रायः दूध पीकर ही गुजारा किया करते थे। उनका भोजन और वस्त्र अत्यंत साधारण होते

थे। वर्षा और धूप में भी वे बिना छाते के ही गुजारा करते थे।

रामतीर्थ ने अपनी अथक मेहनत और लगन के बल पर गणित विषय में एम.ए. की परीक्षा ससम्मान पास की। उसके बाद यह प्रश्न उनके समक्ष उठ खड़ा हुआ कि आगे क्या करें? वे बहुत गरीब व्यक्ति थे। बिना कुछ किए गुजारा होनेवाला नहीं था। अत: उन्होंने नौकरी के लिए दौड़-धूप शुरू कर दी। काफी प्रयास करने के बाद भी उन्हें उपयुक्त नौकरी नहीं मिली, तब उन्होंने कुछ विद्यार्थियों को ट्यूशन पढ़ाना शुरू कर दिया। ट्यूशन से उन्हें जो आय होती थी, उसी से वे अपना गुजारा किसी प्रकार करने लगे। कुछ समय बाद उन्हें मिशन हाई स्कूल 'स्यालकोट' में अध्यापक की नौकरी मिल गई।

सन् 1893 में अमेरिका के शिकागो नगर में विश्व धर्म सम्मेलन में भाषण देने के बाद जब स्वामी विवेकानंद स्वदेश लौटे तो रामतीर्थ ने लाहौर में उनके भाषण का आयोजन किया। वहाँ स्वामी विवेकानंद ने वेदांत पर जोरदार भाषण दिया। उस भाषण का रामतीर्थ पर गहरा प्रभाव पड़ा। स्वामी विवेकानंद से मिलने के बाद रामतीर्थ को विशेष प्रकार का आत्मिक आनंद प्राप्त हुआ।

सन् 1896 में रामतीर्थ लाहौर के मिशन कॉलेज में गणित के प्रोफेसर नियुक्त हुए। अब उन्हें 200 रुपए मासिक वेतन मिलने लगा। उन दिनों यह काफी अच्छी रकम मानी जाती थी; परंतु उन्हें कॉलेज के वेतन की परवाह कभी नहीं रही। वे साधारण ढंग से रहकर भी पूर्ण आनंद प्राप्त कर लेते थे। उनकी सादगी और विचारों में कोई परिवर्तन नहीं आया। अपनी आय में से कुछ पैसे वे हर माह अपने पिताजी के पास भेजा करते थे। इन सबके अलावा वे अपनी आय में से गरीब विद्यार्थियों की आर्थिक सहायता भी किया करते थे।

धीरे-धीरे रामतीर्थ का मन वेदांत की ओर इतना अधिक आकर्षित

हुआ कि उन्होंने नौकरी से त्यागपत्र दे दिया और दुनिया को वेदांत का संदेश सुनाने की ठान ली। वेदांत के सामने दुनिया की सारी दौलत उन्हें तुच्छ लगती थी।

फरवरी 1899 में रामतीर्थ ने साधु-महात्माओं का एक संगठन बनाया, जिसे 'अद्वैत दर्शन सभा' का नाम दिया गया। इस सभा की बैठक हर सप्ताह होती थी। उसमें वेदांत पर बहस से जो निष्कर्ष निकलता, उसके बारे में सभा के सदस्य रामतीर्थ को अपना-अपना अनुभव बताते। उसके बाद रामतीर्थ उन्हें वेदांत पर विस्तार से अपनी व्याख्या सुनाते।

रामतीर्थ अब संन्यासी की तरह जीवन व्यतीत करने लगे। उन्होंने लाहौर छोड़ दिया और अपने कुछ अनुयायियों के साथ हरिद्वार में रहने लगे। बाद में उन्होंने दो-तीन वर्ष हिमालय पर्वत पर प्रकृति के मध्य ध्यान लगाने में गुजारे। उन्हें प्रकृति से बहुत प्रेम था। एकांत प्राकृतिक वातावरण में उन्हें ध्यान लगाने और दर्शन की पुस्तकों का अध्ययन करने का उपयुक्त अवसर मिला।

सन् 1901 में रामतीर्थ ने संन्यास का व्रत ले लिया और भगवा धारण करके निकल पड़े। अब वे रामतीर्थ से स्वामी रामतीर्थ बन गए थे। संन्यास धारण करने के बाद वे दुनिया भर में वेदांत का प्रचार करने की तैयारी में जुट गए। वे शास्त्रों और पश्चिमी दर्शन का गहन अध्ययन करने में जुट गए।

वेदांत का प्रचार करने के उद्देश्य से सन् 1902 में स्वामी रामतीर्थ जापान गए। वहाँ उनकी मुलाकात अपने ही देश के प्रो. पूर्ण सिंह से हुई। वे स्वामीजी से इतने प्रभावित हुए कि उन्होंने भी संन्यास ले लिया।

जापान में स्वामीजी ने वेदांत पर बहुत प्रभावशाली भाषण दिया। उनकी अमृतवाणी सुनकर वहाँ के असंख्य लोग मोहित हो उठे। वहाँ के लोगों पर स्वामीजी के भाषणों का बहुत गहरा प्रभाव पड़ा। वहाँ सत्य के

खोजी जापानी व हिंदुस्तानी स्वामीजी से मिलने के लिए प्रतिदिन आने लगे। दो सप्ताह तक जापान में रहने के बाद स्वामीजी अमेरिका चले गए।

स्वामीजी के अमेरिका पहुँचने पर वहाँ के एक अखबार ने उनके बारे में लिखा—

"पुरानी नीति अब बदलने वाली है। उत्तरी भारत के जंगलों से एक ऐसा व्यक्ति यहाँ आया है, जिसके तेजस्वी मुखमंडल व प्रखर बुद्धि को देखकर सभी दंग हैं। वह एक ऋषि, धर्मोपदेशक और तत्त्वज्ञानी है।"

स्वामीजी दो वर्ष तक अमेरिका में रहे। वहाँ उन्होंने अमेरिकावासियों को वेदांत का संदेश दिया। धीरे-धीरे उनकी ख्याति बढ़ने लगी। उन्होंने अमेरिका के कई क्लबों, महाविद्यालयों और विश्वविद्यालयों में अपने व्याख्यान दिए। उनका व्याख्यान सुनने के लिए बड़ी संख्या में बच्चे व बूढ़े सभी आते थे। व्याख्यान के अंत में स्वामीजी श्रोताओं के प्रश्नों के उत्तर देकर उनकी जिज्ञासा एवं आशंकाओं का समाधान भी करते थे। एक दिन एक सुंदर युवती ने व्याख्यान के अंत में स्वामीजी से अपने प्रश्नों के लिए अलग से समय माँगा। स्वामीजी ने उसे अगले दिन प्रातः का समय दिया।

दूसरे दिन प्रातः जब वह युवती स्वामीजी से मिलने आई तो उसने कहा, "मैं दुनिया भर में आपके नाम से कॉलेज, स्कूल, लाइब्रेरी और अस्पताल खुलवाना चाहती हूँ और इसके साथ ही आपके वेदांत का प्रचार करने का प्रबंध भी करना चाहती हूँ।" उसकी बात सुनकर स्वामीजी ने कहा कि दुनिया में जितने भी धार्मिक मिशन हैं, सब राम के ही हैं; राम अपने नाम की छाप से कोई अलग मिशन चलाना नहीं चाहते, क्योंकि राम कोई नई बात तो कहते नहीं। राम जो कुछ कहते हैं, वह शाश्वत सत्य है।

अमेरिका के कई बड़े और छोटे शहरों में स्वामीजी ने भारत की प्राचीन सभ्यता और वेदांत पर व्याख्यान दिए। उनकी वाणी ने वहाँ के लोगों का मन मोह लिया।

एक दिन अमेरिका की एक प्रसिद्ध अभिनेत्री ने स्वामीजी से एकांत में मिलने का आग्रह किया। स्वामीजी तैयार हो गए। वह अभिनेत्री मोतियों और जवाहरात से लदी हुई थी और साक्षात् सौंदर्य की प्रतिमा प्रतीत होती थी। एकांत में स्वामीजी से मिलते ही वह उनके चरणों पर गिर पड़ी और कहने लगी, ''स्वामीजी, मैं बहुत दुःखी हूँ। मुझे सुखी कर दीजिए। मेरे रूप को या मेरी हँसी को मत देखिए। ये तो दिखावटी हैं। मुझे आत्मिक सुख चाहिए। ऐसा सुख, जिसे पाकर मैं वास्तव में प्रसन्न हो सकूँ।''

स्वामीजी ने उस अभिनेत्री को ढाढ़स बँधाते हुए कहा, ''मन का सुख तो मन से ही प्राप्त किया जा सकता है। उसका बाहर से मिलना संभव नहीं है।'' फिर उन्होंने अत्यंत सहज, सरल जीवन शैली और मानसिक सुख की सही परिभाषा उस अभिनेत्री को समझाई और दूसरे के सुख में अपना सुख ढूँढ़ना सिखाया। फिर शांत भाव से उसे आध्यात्मिक ज्ञान दिया। स्वामीजी के उपदेशों से वह पूरी तरह संतुष्ट हो गई। उनके पास से लौटते समय उस अभिनेत्री के चेहरे पर आत्मिक सुख झलक रहा था।

अमेरिका में वेदांत का संदेश फैलाकर स्वामीजी भारत वापस आ गए। लौटते हुए रास्ते में कुछ दिन वे मिस्र में ठहरे। वहाँ के लोगों ने उनका जोरदार स्वागत किया। स्वामीजी ने उन्हें मसजिद में फारसी भाषा में उपदेश दिया।

स्वामीजी ने भारतीय सभ्यता व पश्चिमी सभ्यता पर प्रकाश डालते हुए कहा था, ''निस्संदेह हमें अपनी पुरानी संस्कृति पर गर्व है। उसकी उच्च बातों को सँभालकर रखना हमारा कर्तव्य है; परंतु पश्चिमी सभ्यता की अच्छी बातों का स्वागत करने में भी हमारा भला है। हमें अपनी आँखों पर पट्टी बाँधकर न तो अपनी सभ्यता का ढोल पीटना चाहिए

और न ही पश्चिमी सभ्यता का गुलाम बनना चाहिए।''

स्वामीजी ने सफलता प्राप्त करने के लिए कुछ महत्त्वपूर्ण सिद्धांत और प्रयोग बताए। उनका मानना था कि ''सिद्धांत और अमल में तालमेल होना चाहिए। सफलता का रहस्य प्रकट रहस्य है। सफलता प्राप्त करने का मूल मंत्र है कि लगातार कर्म करते रहो।''

स्वामीजी कहते थे, ''उस व्यक्ति को अपनी सफलता की कोई आशा नहीं करनी चाहिए, जो अपनी बाती और तेल को व्यय होने से बचाता है और निष्क्रिय हो जाता है। नदी की सफलता का रहस्य यह है कि वह निरंतर आगे बढ़ती रहती है। अतः सफलता का प्रथम सिद्धांत है—कर्म।''

देश में फैली सांप्रदायिकता के संबंध में स्वामीजी ने एक बार कहा था— ''सांप्रदायिक संकीर्णता ने हमारे देश की एकता को कमजोर कर दिया है और साझी राष्ट्रीयता के भाव को मिटा दिया है। उस धर्म से क्या लाभ, जो जीवन की तकलीफों में मन को शांति न दे, जो कमजोर को बल न दे, जो निराशा से मुरझाए हुए दिलों को आशा की सुगंध से ताजा न बना दे।''

17 अक्तूबर, 1906 को दीपावली के दिन स्वामीजी अपने रसोइए रामदत्त के साथ भिलंगना नदी में स्नान करने के लिए गए। वे हमेशा की तरह गरदन तक गहरे पानी में जाकर नहाने लगे। जिस स्थान विशेष पर वे नहा रहे थे, वहाँ नदी का जल बहुत तेज प्रवाह के साथ बह रहा था। स्वामीजी एक अच्छे तैराक भी थे, इसलिए वे निडर होकर नदी में नहा रहे थे। अचानक उनके पैरों का संतुलन बिगड़ जाने से उनका शरीर नदी की तेज धार के साथ बहकर एक भँवर में फँस गया। स्वामीजी कई बार प्रयास करके भँवर से बाहर निकले, परंतु हर बार नदी की तेज धारा उन्हें अपने साथ लेकर उसी भँवर में ले जाती। अंत में स्वामीजी ने इसे ईश्वर

की इच्छा समझकर वहीं जल-समाधि ले ली। इससे पूरा नगर शोक में डूब गया। जल-समाधि लेने के सप्ताह भर बाद उनका शव प्राप्त हुआ।

स्वामी रामतीर्थ वास्तव में एक चमत्कारी पुरुष थे। उनका समस्त जीवन अत्यंत विलक्षण तथा प्रेरणादायक था। उन्होंने अद्वैत वेदांत को अत्यंत सरल करके जनमानस के समक्ष इस तरह से रखा कि साधारण बुद्धिवाला मनुष्य भी उससे लाभान्वित हो सके। उन्होंने मनुष्य को त्याग, आत्मविश्वास, कर्म, निष्ठा, निर्भयता, दृढता, एकता और विश्व-प्रेम की व्यावहारिक शिक्षा देकर उन्हें सत्य का मार्ग दिखाया। उनके उपदेश ही नहीं, बल्कि उनका समस्त जीवन ही वेदांतमय व शिक्षाप्रद है। उनका पवित्र हृदय सद्भाव एवं सौमनस्य से लबालब था।

उनका संपूर्ण जीवन मानव-जाति के लिए प्रेरणा का स्रोत है, जिसकी सहायता से लोग अपने जीवन-लक्ष्य की ओर आगे बढ़ सकते हैं।

लेखकीय

स्वामी रामतीर्थ की लोकप्रियता के सबसे महत्त्वपूर्ण कारणों में से एक यह भी था कि भाषण देते हुए उनकी विचार-शैली सरल और सुगम होती थी। यही नहीं, उनकी भाषा बोधगम्य होती थी तथा उसमें रोचकता एवं आकर्षण की अपूर्व शक्ति थी। श्रोताओं के लिए वे विषय को इतना आसान बना देते थे कि सुनते हुए श्रोता उसे हृदय रूपी दर्पण में प्रतिबिंब की भाँति समझ-देख सकें। वे अपने प्रतिपाद्य विषयों को घटनाओं, कथाओं तथा मार्मिक वाक्यों से पुष्ट करते चलते थे।

उनके व्याख्यान के विषय यद्यपि अमूर्त अथवा भावात्मक होते थे; परंतु वे उन्हें सूक्तियों अर्थात् सुगठित, संक्षिप्त, सारपूर्ण वाक्यों द्वारा प्रकट करते थे और उनकी सूक्तियाँ हृदय की तह तक पहुँचकर वहाँ उनके भावों की गहरी छाप छोड़ देती थीं।

सूक्ति वास्तव में जीवन के किसी तथ्य का सार होती है; परंतु उसकी रचना इतनी कलापूर्ण होती है कि वह तथ्य को मूर्त रूप, यानी ठोस शक्ल प्रदान कर देती है। इस प्रकार की सूक्तियाँ अन्य अनेक मनीषियों, विचारकों, दार्शनिकों तथा कवियों ने भी कही हैं। परंतु स्वामी रामतीर्थ की सूक्तियों में एक अद्भुत बाँकपन पाया जाता है। वे इतनी पैनी हैं कि चित्त पर उनका तुरंत प्रभाव होता है। वे किसी-न-किसी

सच्चाई पर हमारे सामने रहस्य खोलती हैं। वे हमारी जिह्वा पर चढ़ जाती हैं तथा दिन-प्रतिदिन के संघर्ष में हमें संकटों से बचा सकती हैं। वे हमें अकर्मण्यता से हटाकर कर्तव्य पथ पर अग्रसर कर सकती हैं, दीन-हीन दशा से उठाकर उत्साह, साहस, तेज, ओज, प्रकाश तथा आनंद प्रदान कर सकती हैं। स्वामी राम की सूक्तियों का सबसे बड़ा गुण मार्मिकता है। वे सहज-स्वाभाविक रूप में कही गई हैं तथा उनमें शाब्दिक कृत्रिमता का आभास नहीं है।

इस पुस्तक में स्वामी रामतीर्थ की सभी महत्त्वपूर्ण सूक्तियों का विषयों के अनुसार वर्गीकरण किया गया है। यह संकलन जीवन-यात्रा में एक महान् पथ-प्रदर्शक सिद्ध होगा, हमारा यह विश्वास है।

इस पुस्तक के संपादन में मुझे मेरे मित्र श्री श्याम बहादुर वर्मा एम.ए. (संस्कृत, अंग्रेजी, हिंदी, प्राचीन भारतीय संस्कृति), एम.एस-सी. (गणित) का अति मूल्यवान् सहयोग मिला है, जिसके लिए मैं हृदय से उनका आभारी हूँ।

अनुक्रम

1

राष्ट्र देवो भव

मैं अनुभव करता हूँ कि मैं भारत हूँ—संपूर्ण भारत मैं हूँ। भारतभूमि मेरा अपना शरीर है। कुमारी अंतरीप मेरे चरण हैं। हिमालय मेरा शिर है। मेरे बालों से गंगा प्रवाहित होती है। मेरे शिर से ब्रह्मपुत्र और सिंधुनद बहते हैं। विंध्याचल मेरा कटिबंध है। कारोमंडल मेरी दाईं और मालाबार मेरी बाईं टाँग है। मैं संपूर्ण भारत हूँ। इसकी पूर्व और पश्चिम मेरी बाँहें हैं, जिन्हें मानवता को आलिंगन करने के लिए मैंने फैला रखा है।

✤✤

"जब मैं चलता हूँ, मैं अनुभव करता हूँ कि भारत चल रहा है। जब मैं बोलता हूँ, मैं अनुभव करता हूँ कि भारत बोल रहा है। जब मैं साँस लेता हूँ, मैं अनुभव करता हूँ कि भारत साँस ले रहा है। मैं भारत हूँ, मैं शंकर हूँ, मैं शिव हूँ।" राष्ट्रीयता का यह सबसे ऊँचा स्वरूप है।

✤✤

जिस प्रकार अद्‌भुत स्रोत, सुंदर नदियाँ और मानसून पवनें हिमालय की ऊँचाइयों से प्रवाहित होती हैं, उसी प्रकार वास्तविक आध्यात्मिकता भारत से प्रवाहित हुई है।

✤✤

कोई व्यक्ति तब तक सर्वरूप परमेश्वर से अपनी अभिन्नता का अनुभव नहीं कर सकता, जब तक कि संपूर्ण राष्ट्र के साथ अभिन्नता उसकी देह के रोम-रोम में तरंगित न होने लगे।

✤✤

राष्ट्रहित के संवर्धन का प्रयत्न करना ही देवताओं की उपासना करना है।

✤✤

कुछ लोगों के लिए भारत के कष्टों को दूर करने की समस्या भले ही राष्ट्रीय समस्या हो, राम के लिए यह अंतरराष्ट्रीय है। कुछ लोगों के लिए चाहे यह राष्ट्रभक्ति का प्रश्न हो, राम के लिए यह मानवता का प्रश्न है।

✤✤

ऐसा अनुभव करके समस्त भारत प्रत्येक भारतवासी में मूर्तिमान है, भारत के हर एक सुपुत्र को संपूर्ण भारत की सेवा में तत्पर रहना चाहिए।

✤✤

व्यक्ति को अपने या अपने स्थान के धर्म को किसी तरह भी राष्ट्रीय धर्म से ऊँचा स्थान नहीं देना चाहिए। इनके उचित समन्वय द्वारा ही सुख प्राप्त हो सकता है।

✤✤

राष्ट्र देवो भव

वह आदमी, जो सारे राष्ट्र अथवा जाति से अपना अभेद स्थापित कर लेता है, उसे आप देशभक्त कह सकते हैं। उसका घेरा बहुत विशाल है। वह जिनकी सेवा कर रहा है, वे किस मतवाले हैं, इसकी वह चिंता नहीं करता। जाति-पाँति, वर्ग, नाम आदि का खयाल छोड़कर वह संपूर्ण देश के सभी निवासियों का पक्ष-समर्थन करता है। वह मनुष्य धन्य है, अभिनंदन करने योग्य है।

□

2

भारतवर्ष : अतीत, वर्तमान, भविष्य

विश्व-शिरोमणि

भारतवर्ष न सिर्फ शारीरिक रूप से, बल्कि बुद्धि, सच्चरित्रता तथा आध्यात्मिकता में भी विश्व-शिरोमणि था।

विश्व में आध्यात्मिकता

सारे नवीन विचार, थियासफी, अध्यात्मवाद, ईसाई मत, विज्ञान, मानसिक चिकित्सा—सभी ज्ञान, जिन पर आज पश्चिम को अभिमान है। ये सब (बिना किसी अपवाद के) प्रत्यक्ष अथवा अप्रत्यक्ष रूप में, मूल रूप से भारत में ही पैदा हुए हैं। राम आपसे उस देश के विषय में बात कर रहा है, जिसने अतीत तथा वर्तमान काल में विश्व को सब प्रकार के दर्शनशास्त्रों (फिलॉसफी की पुस्तकों) का दान दिया है। प्लेटो, सुकरात, पाइथागोरस, प्लूटिनस जैसे यूनानी तत्त्वज्ञ अपने-अपने ज्ञान की किरण के लिए भारतवर्ष के ही ऋणी हैं। दर्शनशास्त्र के इतिहास को पढ़ने से यह साफ पता लगता है कि शापेनहार, श्लीगल, शेलिंग, एम. कजिन इत्यादि तत्त्वज्ञ मानते हैं कि वे अपने ज्ञान के लिए भारतवर्ष के वेदांत, सांख्य,

बौद्ध दर्शनों, उपनिषदों तथा श्रीमद्भगवदगीता के ऋणी हैं। आधुनिक अद्वैतवाद ने भले ही अमेरिका, इंग्लैंड अथवा जर्मनी का हो, भारत से ही प्रकाश पाया है। राम आपसे शंकराचार्य तथा श्रीकृष्ण की भूमि की चर्चा कर रहा है, जिस भूमि ने उन ऊँचे विचारों को, उदात्त कल्पनाओं को जन्म दिया, जिनसे इमर्सन, वॉल्ट व्हिटमैन, सर एडविन ऑर्नाल्ड तथा मैक्समूलर ने बड़ा उत्साह पाया, प्रेरणा पाई, ज्ञान पाया। यह भारत न केवल उत्तम विचारों तथा उदार कल्पनाओं की ही जन्मभूमि है, बल्कि उतनी ही उच्चकोटि की शूरवीरता तथा शारीरिक शक्ति की तेजस्विता की भी क्रीड़ाभूमि रही है।

समाजवाद का मूल

इंग्लैंड के एडवर्ड कारपेंटर ने अपना समाजवाद का विचार हिंदुओं से प्राप्त किया था।

भारत का ऋण

प्लेटो, सुकरात, पाइथागोरस, प्लूटिनस आदि यूनानी तत्त्वज्ञ अपने-अपने ज्ञान के प्रकाश के लिए भारतवर्ष के ऋणी हैं। शापेनहार, श्लीगल, शेलिंग, एम. कजिन आदि ने माना है कि अपने ज्ञान के लिए वे भारतवर्ष के वेदांत, सांख्य, बौद्ध दर्शनों, उपनिषदों तथा गीता के ऋणी हैं।

✤✤

एक वह भी समय था, जब भारतवर्ष में धर्म का इतना प्रभाव था कि भारतवासी धर्म का विचार किए बिना कोई भी काम नहीं करते थे। उनका खान-पान धर्म के लिए, शयन धर्म के लिए, पहनना धर्म के लिए, उठना-बैठना धर्म के लिए, विवाह धर्म के लिए होता था। भारतवासी धर्म के विरुद्ध कोई कार्य नहीं करते थे। जिस कार्य का धर्म से संबंध नहीं होता था, उसका भारतीयों से भी कोई संबंध नहीं

होता था। वे लोग धर्म की खातिर वन-वन भटकने, भूखे-प्यासे मरने, पर्वतों से टकराने, सर्दी-गरमी को सहने तथा बड़े से बड़ा कष्ट उठाने में भी आनंद का अनुभव करते थे। धर्म के बिना स्वर्ग-सुख को भी नरक के समान समझते थे। मछली के जीवन से जल का जिस प्रकार का संबंध है, उनके जीवन के साथ भी धर्म का वैसा ही संबंध होता था। धर्म ही उनका जीवन था। धर्म ही आसरा और धर्म ही उनके जीवन का लक्ष्य होता था। वे लोग धर्मवीर तथा धर्मभीरु होते थे। धर्म के लिए वे अपने शरीर को भी तुच्छ समझते थे।

देश के लिए बलिदान

भारत में सदा से ही स्वार्थ का कोई घर नहीं है। यदि आप अपने पूर्वजों की जीवनियों पर एक बार दृष्टिपात करें तो आपको विदित हो जाएगा कि जिन ऋषि-मुनियों की आप संतान हैं, वे कैसे स्वार्थ रहित थे। दूसरों के भले के लिए, औरों के उपकार के लिए वे किस प्रकार अपना तन-मन-धन बलिदान कर देते थे। वे अपने प्राणों की चिंता नहीं किया करते थे। देह का मांस, अस्थियाँ तक दूसरों के उपकार के लिए दान कर देते थे। जब तक भारत में इस प्रकार के मनुष्य होते रहे, तब तक भारतीय जन चक्रवर्ती राज्य भोगते रहे, भारत समस्त विश्व का शिरोमणि माना जाता रहा। किंतु जब से इस स्वार्थ रूपी राक्षसी ने भारत को घेर लिया है, तब से भारत का पासा उलट गया। यदि आप पुनः उठना चाहते हैं तो इस स्वार्थ-भावना को भारत से एकदम निकाल बाहर कीजिए। मरते तो सब हैं, परंतु हम लोग केवल काल के वश मरते हैं, अन्य किसी प्रकार से मरना हम जानते ही नहीं। मरना जानते हैं जापानवासी, अमेरिकावासी, यूरोपवासी। हमें उनसे मरना सीखना चाहिए।

❖❖

निष्काम

उपनिषदों के कर्ताओं ने संसार को विचार देने का कोई एहसान नहीं जताया। भारत की सर्वोत्तम रचनाओं—छह दर्शनों में—उनके लेखकों का नाम कहीं नहीं है।

✤✤

भाग्य-तारा

प्रकृति बतलाती है कि तारे पूर्व से पश्चिम की ओर जाते हैं, फिर वहाँ से पूर्व की ओर वापस आ जाते हैं। यही दौर चलता रहता है। इसी तरह खुशकिस्मती का सितारा पूर्व से पश्चिम की तरफ गया तथा अब वह फिर से पूर्व की तरफ वापस चला आ रहा है। इतिहास इसका गवाह है। देखिए, एक जमाना था, जब भारत का सितारा जगमगा रहा था। वहाँ से वह पश्चिम की तरफ चला। फारस में गया। उसके बाद ऑस्ट्रिया इत्यादि की बारी आई। वहाँ से वह ग्रीस (यूनान) पहुँचा। ग्रीस के बाद वह रोम गया। रोम के बाद स्पेन वगैरह की बारी आई, फिर उसकी इंग्लैंड पर दयादृष्टि हुई। वहाँ से वह अमेरिका गया। इस समय अमेरिका का पश्चिमी भाग खूब तरक्की पर है। वहाँ से वह सितारा जापान गया; फिर अब कैसे कह सकते हैं कि भारत में वह नहीं आएगा? क्या भारत की अब बारी नहीं आएगी? जरूर आएगी, जरूर आएगी।

✤✤

नारी

भारत में पति सार्वजनिक रूप से अपनी पत्नी के प्रति आदर या सम्मान प्रकट नहीं करता, परंतु अपने हृदय में वह उसकी पूजा करता है।

भारतीय पति अपने ढंग से पत्नी के हित के लिए अपना सबकुछ

न्योछावर कर देता है। वह उसकी प्रसन्नता के लिए कुछ उठा नहीं रखता।

अन्य देशों में ईश्वर को 'बाप' की तरह पूजते हैं, भारत में उसे माता के समान पूजा जाता है।

भारत में 'माताजी' शब्द सबसे पवित्र माना जाता है।

जब कोई हिंदू बीमार होता है तो वह 'हाय ईश्वर!' न कहकर 'हे माँ' या 'हाय माँ' कहता है। उस समय हिंदू हृदय की गहराइयों से अपने आप 'माँ' शब्द निकलता है।

'माता' शब्द हिंदू आत्मा की सबसे गहरी भावनाओं को जगाता है।

भारत में बाल-विवाह

मुसलमान, जो एक समय भारत पर शासन करते थे, बहुत चरित्रहीन थे, जब कभी वे किसी अविवाहित हिंदू कन्या को देखते, उसका सतीत्व लूटने की कोशिश करते थे। इस प्रकार स्त्रियों पर पाशविक अत्याचार किए जाते थे। हिंदू इन अत्याचारों से बचना चाहते थे; अतः उन्होंने नियम बनाया कि किसी भी हिंदू का विवाह तरुणावस्था के बाद न हो। इससे बाल विवाह की प्रथा चली। यह केवल उस समय की परिस्थिति के दबाव के कारण हुआ था।

आधुनिक भारत में धर्म

अब युग बदल गया है। भारतीयों का धर्म अब केवल पुस्तकों में रह गया है। धर्म अब केवल बहस के काम आता है। धर्म केवल बातों तक जबानी जमा खर्च रह गया है। भारतीय अब न धर्मवीर रहे और न धर्मभीरु।

भारत में कोई मनुष्य अपने पूर्वजों से आगे नहीं बढ़ना चाहता, जो आगे बढ़ता है, उसे नास्तिक समझा जाता है। लोगों में उसका आदर-सम्मान कम होता है। अपने पिता-पितामह की लकीर का फकीर न रहे तो उस पर कलंक लगाया जाता है; परंतु अमेरिका में उस मनुष्य का तनिक भी सम्मान नहीं होता, जो अपने पिता से दो पग आगे न बढ़ा हो। वहाँ हर एक मनुष्य के मन में यही जबरदस्त चाह होती है कि हमारे पिता-पितामह ने जो कुछ किया है, उससे हमें ज्यादा करना चाहिए, यदि हम उनसे कम अथवा बराबर ही हुए तो हम अयोग्य हैं। जब हृदय में इस प्रकार के विचार हैं तो वे लोग न तरक्की करेंगे, तो क्या भारतीय करेंगे?

अक्षय भंडार

आप अपने अनुपम शास्त्रों की ओर ध्यान नहीं देते, उन पर विचार नहीं करते, चिंतन नहीं करते। ओह! आपको विदित ही नहीं कि आपके पूर्व पुरुषों ने आपके लिए कैसे अक्षय भंडार संचय करके रख छोड़े हैं। इस प्रकार के भंडार होते हुए भी प्यारो! भूखे न मरो, ठोकरें मत खाओ, इधर-उधर मत भटको; इस भंडार का उचित उपयोग करो, उचित विधि से इसका व्यय करो और सोचो कि इस संपदा पर समस्त विश्व का अधिकार है; इस भंडार के विषय में समस्त संसार को सूचना दे दो कि हमारे पास तुम सबके लिए अक्षय भंडार है।

वेदांत के झरने

भारतीयों के धार्मिक ग्रंथों में इस प्रकार के सदा प्रवाह वाले झरने

विद्यमान हैं, वे फिर नरक जैसी व्यथा क्यों सह रहे हैं? वे इन झरनों का जल क्यों नहीं पीते?

✤✤

दीनता छोड़ो

अरे भाग्यशाली भारतीयो! तुम परमात्मा से छल नहीं कर सकते। अपने को पापी या दास कहकर उसकी प्रीति पर विजय प्राप्त नहीं कर सकते। आप जैसा विचार करेंगे, वैसे ही बन जाएँगे। कर्म का निर्दय नियम हठ से चलता है। यदि तुम इस तरह की प्रार्थनाएँ करोगे तो अवश्य ही पापी तथा दास बन जाओगे। यह भक्ति नहीं है। हे मेरे दीन मनवाले धनपतियो! ऊँचे धवल मंदिरों तथा पत्थर के विष्णुओं के बनाने से तुम्हारे मन का बुखार दूर नहीं होगा। मुझे मालूम है कि तुम व्यथित हो। तुम्हारा घमंड चाहे इसे न माने। देश के दरिद्र नारायणों और मजदूरों की पूजा करो। हिंदुस्तान के गरीब छात्रों को काम में आने वाली कलाएँ, कौशल तथा उद्योग सीखने के लिए विदेशों में भेजो। हिंदुस्तान में वापस आकर वे हजारों भूखे-नंगे लोगों को आत्मनिर्भर बनाकर उनका संरक्षण कर सकेंगे।

✤✤

नौकरी-प्रेम

भारत में उन्नति क्यों नहीं होती? इसका कारण यह है कि भारतीय लोग, जो पढ़-लिख सकते हैं, वे केवल नौकरी किया करते हैं। व्यापार करने में वे अपमान का अनुभव करते हैं। अत: उधर खयाल ही नहीं करते। भले ही वे दुकानदारों की नौकरी कर लें, परंतु दुकानदारी कभी नहीं करेंगे। यह क्या विचित्र बात है कि जिस धंधे को स्वयं तो करना

नहीं चाहते, उस धंधे वाले की नौकरी तो कर लेंगे; परंतु अपना व्यापार, जोकि सम्मान का धंधा है, नहीं करेंगे!

✤✤

अपने आप को बदलो

मेरे प्यारे हिंदुओ! परिवर्तन या परिस्थिति के अनुकूल चलने का विरोध करके, पुराने रीति-रिवाजों और वंश-परंपरागत रूढियों पर बहुत अधिक जोर देकर, अपने आपको मनुष्य के दर्जे से नीचे मत गिराओ।

✤✤

ऋषि-संतान

आप प्राचीन ऋषियों की संतान हो, परंतु अब आप उनके युग में नहीं जी रहे, वाष्प इंजन, वाष्प जलयान, तार, विद्युत् आदि तुम्हारे सामने हैं। आप उनकी तरफ से आँखें बंद नहीं कर सकते। आपका संघर्ष बीसवीं सदी के यूरोप और अमेरिका के वैज्ञानिकों, कलाकारों, मजदूरों और कारीगरों से है। इस संघर्ष से आप बच नहीं सकते, और यदि आप ध्यान से देखेंगे तो आपको पता चलेगा कि यदि आप अपने को परिवर्तित परिस्थितियों के अनुकूल नहीं ढालेंगे तो आप जी ही नहीं सकते।

भारत की उन्नति के लिए कृषि विद्या

भारत की उन्नति के लिए इस बात की आवश्यकता नहीं कि भारत के लोग विदेशों में जाकर बैरिस्टर बनकर आएँ, अपितु आवश्यकता इस बात की है कि लोग कृषि-विद्या की शिक्षा प्राप्त करके आएँ और संभव हो तो कोई उद्योग सीखकर आएँ, जिससे अपने देश को लाभ

हो, अपने देश का धन अपने देश में ही रहे, दूसरे देशों का भी धन स्वदेश में आए। दूसरे देशों का धन इस देश में तभी आ सकेगा, जब यहाँ कृषि-विद्या की उन्नति होगी।

❖❖

संतोष की बात

यह संतोष की बात है कि दृढता और निश्चितता से हिंदू लोग उचित शिक्षा प्राप्त करने लगे हैं, आवश्यक स्थिति-पालकता उनमें आती जा रही है, बीते युगों के सामाजिक नियम-बंधन कम कठोर होते जा रहे हैं, जातिप्रथा अपने प्राकृतिक संतुलन को प्राप्त कर रही है। हिंदू लोग पश्चिमी विज्ञान से दूर भागने की अपेक्षा आज उसका स्वागत कर रहे हैं और वे उसे अपनी ब्रह्मविद्या (वैदिक ज्ञान) का सर्वोत्तम सहायक मानने लगे हैं।

❖❖

देश के लिए संगठन और त्याग

एक-दूसरे की सहकारिता के बिना न कभी किसी की उन्नति हुई है, न ही होगी। यदि अपनी उन्नति करना चाहते हो तो पहले अपना हृदय एक करो। अपना मन वैसा बनाओ, जैसा उन्नति करनेवालों ने पाया है। देश की उन्नति के लिए यदि आपको कोई शरीर चीरने के लिए कहे तो आपको अपना शरीर चीरना होगा, दरिया में डूबने के लिए कहे तो दरिया में डूबना पड़ेगा अग्नि में जलने को कहे तो अग्नि में जलना पड़ेगा, वन-पर्वत-मरुभूमि में भटकने के लिए कहे तो भटकना होगा, ऊँच-नीच का खयाल छोड़ना पड़ेगा, भाव यह कि सहस्रों कष्ट उठाने पड़ेंगे और उन कष्टों की परवाह नहीं करनी होगी।...जब आप

ऐसा करने योग्य होंगे अथवा ऐसा करने को तत्पर हो जाएँगे तो अपने आप ही आपकी उन्नति होगी। तब आपके देश की उन्नति होगी।

✤✤

प्रियवर! सोचो तो सही, जो अपने पड़ोसी का बुरा करता है, उसका स्वयं अपना बुरा होता है। पड़ोसी अपने देशवासी को कहते हैं। सो अपने देश की बुराई नहीं करनी चाहिए। बाइबिल में लिखा है, 'अपने पड़ोसी को अपने समान प्रेम करो।' यद्यपि आपके शास्त्रों में और भी अधिक उदारता मिलती है, क्योंकि उसमें समस्त विश्व को ही परिवार के समान प्रेम करने की बात लिखी है; बाइबिल के अनुयायी तो बाइबिल में लिखित प्रत्येक बात को अक्षरशः मानते हैं और आप लोग अपने शास्त्रों में लिखी इस बात को नहीं मानते कि समस्त विश्व को अपने समान प्रेम करो। आप इसका एक अंश भी नहीं मानते। कितनी लज्जाजनक स्थिति है! प्रियवर, यदि विश्व को अपने समान प्यार नहीं कर सकते, तो अपने देश को तो अपने सदृश प्यार करो। देश को प्रेम नहीं कर सकते तो अपने परिवार से तो प्रेम करो। यह क्या बात है कि अपने परिवार में ही आपने फूट डाल रखी है!

✤✤

प्रगति-सिद्धांत

प्रगति के सिद्धांत की यह माँग है कि स्वरूप और कार्य में तो भिन्नता हो, परंतु उत्साह और भावना में एकता हो। हिंदुओं की जाति-प्रथा (वर्ण व्यवस्था) का कारण था, इस देश की राष्ट्रीय प्रगति, जिसका प्रकटीकरण बड़ी सुंदरता से श्रम और धंधों के विभाजन में तथा भावना और हृदय की एकता में हुआ था।

✤✤

राम का यह अभिप्राय नहीं कि आप अपनी राष्ट्रीयता को छोड़ दें। एक पौधा बाहरी हवा को निगलता है, पानी को पीता है, खाद को खाता है; परंतु इसका यह अर्थ नहीं कि वह हवा, पानी और मिट्टी हो जाता है। इसी प्रकार आप भी बाहरी पदार्थों को निगलते हुए अपने जीवन का विकास श्रुति (वेद) को हृदय में धारण करते हुए ही करें।

✤✤

हिंदी

हिंदी जल्दी ही भारत की राष्ट्रभाषा बनने जा रही है।

✤✤

एकता

भारत में प्रत्येक व्यक्ति एकता की आवश्यकता अनुभव करता है, परंतु बहुत बड़ी संख्या में विभिन्न शक्तियाँ एक-दूसरे की शक्ति को नष्ट कर रही हैं। परिणाम यह है कि कोई शक्ति नहीं।

✤✤

भारत का भविष्य आशापूर्ण और उज्ज्वल है।

✤✤

होनहार नवयुवको! भारत का भविष्य आपका भविष्य है और उसके लिए आप उत्तरदायी हैं।

□

3

वेदांत

निस्संदेह वेदांत वेद का अंतिम निचोड़ है, और कुछ नहीं।

✤✤

वेदांत आपको शक्ति और बल से भरपूर कर देता है।

✤✤

वेदांत भी रसायन शास्त्र की भाँति प्रयोगात्मक विज्ञान है। वह व्यक्ति वेदांत का क्या ज्ञान प्राप्त कर सकता है, जो बौद्धिक शिक्षा पाने के साथ-साथ आध्यात्मिक प्रयोग एवं परीक्षण न करे?

✤✤

वेदांत की शिक्षा है कि तुम अपने आपको नीच, अधम, पीड़ित, दुःखी, अभागा या पापी मत कहो। तुम अपनी आंतरिक शक्ति पर विश्वास रखो।

✤✤

पूर्ण प्रजातंत्र, समानता, बाहरी शासन के बोझ को फेंकना, धन जमा करने की सारी भावना का त्याग, विशेष अधिकारों को उतार

फेंकना, उच्चता का अभिमान और नीचेपन की हीन भावना छोड़ना—सांसारिक दृष्टि से सच्चा वेदांत यही है।

✤✤

जब वेदांत आपके आचारण में आएगा तो पास-पड़ोस की सारी परिस्थितियाँ आपसे हार मान जाएँगी।

✤✤

यदि आप वेदांत का अनुभव पाना चाहते हैं तो सब प्रकार की आवाजों, कोलाहलों, तरह-तरह के कष्टों तथा झंझटों के बीच में ही उसे प्राप्त कीजिए।

✤✤

वेदांत आपसे जोरदार शब्दों में कहता है कि आप ईश्वर की पूजा और इंद्रियों की पूजा एक साथ नहीं कर सकते।

✤✤

कुछ लोग कहते हैं कि स्त्रियाँ, बच्चे तथा शूद्र वेदांत के अधिकारी नहीं। इसी विचार ने वेदांत को 'सिद्धांत' बना डाला है, न कि 'सत्य'।

✤✤

संसार सबसे बड़ी भूल यह करता है कि वह ग्रहण करने में सुख मानता है। वेदांत बतलाता है कि वास्तविक सुख 'दान' करने में है।

✤✤

वेदांत ने बतलाया है कि साहसी तथा स्थिरचित्त मनुष्य सिंह के समान होता है, अत: वह मस्ती के मंदिर में निवास करता है।

✤✤

कार्लायल, इमर्सन, थोरो तथा वाल्ट ह्विटमैन को आध्यात्मिक प्रेरणा

कहाँ से प्राप्त हुई ? इन्हें प्रेरणा अनेक स्रोतों से मिली, परंतु उनका मूल स्रोत वेदांत-संबंधी ग्रंथों का प्रत्यक्ष अध्ययन है।

✤✤

हिंदुओं में ॐ को समस्त वेदांत का प्रतीक माना जाता है। प्रत्येक व्यक्ति अपनी आत्मिक उन्नति के स्तर के अनुसार ॐ का अर्थ समझता है। वेदांती के लिए ॐ का अर्थ है—'मैं प्रकाशों का प्रकाश हूँ। मैं सूर्यों का सूर्य हूँ। यह सूर्य मेरा ही प्रतीक है।'

✤✤

कुछ करने को नहीं, फिर भी कुछ करते रहना वेदांत है।

✤✤

वैदांतिक एकाग्रता का अर्थ है, अपनी आत्मा का साक्षात्कार करना, अपने को सूर्यों का सूर्य, प्रकाश का प्रकाश अनुभव करना।

✤✤

वेदांत पर अमल करो तो तुम्हें काफी आदमी बात सुनने के लिए मिल जाएँगे।

✤✤

पक्षी टहनी पर बैठा है, परंतु फिर भी वह उससे ऊपर है। देखने में वह टहनी के आसरे बैठा है, परंतु वास्तव में वह टहनी से ऊपर है। इसी प्रकार वेदांती में भी भले ही सांसारिक इच्छाएँ दिखाई पड़ें, परंतु वह उन इच्छाओं से ऊपर होता है।

□

4

परमात्मा, आत्मा, उपासना

परमात्मा आनंदरूप है।

❖❖

'मैं ईश्वर हूँ' का अर्थ है कि इस स्थूल शरीर का अभिमान मिथ्या है और मैं दिव्य आत्मा, पूर्ण परमेश्वर हूँ।

❖❖

यह न कहना कि मैं परमेश्वर हूँ—पाप है। यह कहना कि मैं पुरुष या स्त्री हूँ—नास्तिकता है, असत्य है।

❖❖

रात और दिन केवल पृथ्वी के लिए हैं। सूर्य में न रात है, न दिन, वहाँ तो प्रकाश-ही-प्रकाश है। सुख-दुःख, तृष्णा और संतोष सांसारिक लोगों के लिए हैं, आप तो परमानंदघन हो। प्रकाश-ही-प्रकाश हो।

❖❖

जब (अज्ञानरूपी) परदा पारदर्शी बना दिया जाता है, तब हम ईश्वर को अपने सामने देखते हैं, नहीं-नहीं, हम स्वयं ईश्वर बन जाते

हैं। तब संसार की कोई शक्ति हमारी प्रसन्नता में बाधा नहीं डाल सकती।

✤✤

ईश्वर का दर्शन तो तब मिलेगा, जब दुनिया की दृष्टि से प्रतीत होनेवाले वैरी, विरोधी, निंदक लोगों को क्षमा करते हुए हम इतनी देर भी न लगाएँ, जितनी श्रीगंगाजी तिनकों को बहा ले जाने में लगाती हैं।

✤✤

प्रभु का डेरा हमारे चित्त में लगे तो फिर कौन सी आशा है, जो अपने आप पूरी न होगी?

✤✤

आनंद से बैठ मेरे यार, वहाँ कोई और नहीं है। तेरा ही परमपिता, बल्कि आत्मदेव है। अगर मारेगा भी तो भले के लिए।

✤✤

ईश्वर-साक्षात्कार की दशा में मैं-तू का भेदभाव और द्रष्टा-दृश्य का अंतर समाप्त हो जाता है।

✤✤

पहला शब्द ऊँचा ॐ है, जिसे बच्चा भी बोलता है। यह प्राकृतिक नाम है। इस पर किसी का ठेका नहीं।

✤✤

जिस पल आप अपने ईश्वरत्त्व को प्रकट करने के लिए खड़े हो जाते हैं, उसी पल संपूर्ण विश्व आपको ईश्वर मानने के लिए बाध्य हो जाता है।

✤✤

यदि तुम्हें ईश्वरत्त्व का अनुभव हो जाए तो फिर तुम भले ही

घने जंगलों में रहो अथवा भीड़ भरी गलियों में, कुछ चिंता नहीं।

❖❖

ईश्वर का राज्य—स्वर्ग आपके अंदर है, आपके बाहर कहीं नहीं।

❖❖

खुदा को पाने से खुदी निकलती है।

❖❖

परमात्मा किसी जाति या मजहब की तरफदारी नहीं करता। जो कोई उसके नियमों के अनुसार चलता है, वही उसको प्रिय है, वह बच पाता है। इससे विपरीत, जो भी उसके नियमों को भंग करता है, वह उसका वैरी है, वह मृत्यु को प्राप्त होता है, मिट जाता है।

❖❖

'हिम्मत-ए-मर्दां, मदद-ए-खुदा' का अर्थ मैं यह करता हूँ कि मनुष्य के यत्न में ईश्वर की सहायता की आवश्यकता है।

❖❖

परमात्मा का केवल एक हाथ नहीं। सब हाथ उसके हाथ हैं, सब नयन उसके नयन हैं, सब मन उसके मन हैं।

❖❖

आत्मा का साक्षात्कार होने के बाद आप पर बाहरी परिस्थितियों का कुछ भी प्रभाव नहीं पड़ता।

❖❖

प्रत्येक मनुष्य परमेश्वर है, सर्वोत्तम बहुमूल्य रत्न है, संपूर्ण खजाना है, सर्वश्रेष्ठ आनंद है और अपने आप में परमात्मा का स्रोत है।

❖❖

यदि मनुष्य ईश्वर का अंश न होता तो मनुष्यों में पैगंबर या संत कभी न होते।

✤✤

नि:शंक स्वरूप और निर्मल चिदाकाश में खयाल रूपी धूल कहाँ?

✤✤

जिस समय आप किसी अत्यंत ऊँचे स्थान पर हों तो नीचे वाली वस्तुओं की ऊँचाई-निचाई मालूम नहीं होती। इसी तरह जब आप आध्यात्मिकता की ऊँची चोटी पर चढ़ जाएँगे, जब आप अपनी आत्मा की उच्चता को अनुभव करने लगेंगे, जब आप अपने अंदर के सारतत्त्व की अनुभूति प्राप्त कर लेंगे तो आपके लिए शत्रु और मित्र, भला करनेवाले या बुरा करनेवाले के बीच का भेद हट जाएगा।

✤✤

पूर्ण गौरव का अर्थ है—पूर्ण ईश्वरत्त्व प्राप्त करना।

✤✤

ॐ के जप का अभ्यास करो, यदि फिर भी तुम्हें दिव्यता के दर्शन न हों तो राम को झूठा कहना।

✤✤

आत्मा

आंतरिक अनंतता वास्तव में ऐसी वस्तु है, जो देखी, सुनी तथा चखी नहीं जा सकती। फिर भी आप जो कुछ देखते हैं, उसका मूल स्रोत यही है। सभी ध्वनियों का कारण यही है, जिन पदार्थों को आप चखते हैं, उनका सार यही है। यह असली सत्ता है, यही आत्मा है, जो जानती, देखती, सुनती, चखती या छूती है। यह सर्वत्र विद्यमान

होने पर भी वर्णन से परे है। इस तरह हमें बोध प्राप्त हो जाता है कि सांत (शरीर) के अंदर के अनंत (आत्मा) को देखना, सुनना, समझना, विचारना हमारी शक्ति से बाहर है। तथापि आप जो कुछ देखते हैं, इसी के द्वारा देखते हैं। जो कुछ भी आप सुनते हैं, इसी के द्वारा सुनते हैं। जो कुछ भी आप सूँघते हैं, इसी के द्वारा सूँघते हैं। यद्यपि यह वर्णन से परे है, तो भी मूल या सारतत्त्व यही है। सभी वर्णन किए जाने वाले पदार्थों का सारतत्त्व यही है। यदि ईश्वर की आँखों में धूल झोंकने की कोशिश करोगे तो अंधे हो जाओगे।

❖❖

अंतःकरण में छिपे अमूल्य भंडार को खोलने के लिए, स्वर्ग का साम्राज्य प्राप्त करने के लिए एकमात्र कुंजी ॐ है।

❖❖

परमात्मा की सेवा लोगों की सेवा करने में होती है।

❖❖

कृपा तीन प्रकार की होती है—परमात्मा की कृपा, गुरुकृपा, आत्मकृपा।

❖❖

यदि आप मानव की पूजा करते हैं, यदि आप मानव को दिव्य समझते हैं, उसे परमात्म दृष्टि से देखते और उसकी उपासना करते हैं तो आप परमात्मा की पूजा करते हैं।

❖❖

विशुद्ध आत्मा सभी चिंताओं, भयों, बेचैनियों तथा कष्टों से ऊपर रहती है।

❖❖

लोग परमेश्वर से प्रेम करने में हिचकते हैं। वे समझते हैं कि जग के प्रेम के मिथ्या पदार्थों के समान परमेश्वर से प्रेम का उत्तर नहीं मिलता, यह मूर्खता और निरा अज्ञान है।

✤✤

आत्मा का अनुभव दो प्रकार से होता है—निश्चय और ज्ञान से।

✤✤

तुम्हारा वास्तविक स्वरूप यह शरीर नहीं, न ही यह मन है, न यह जीवन है, तुम्हारा वास्तविक रूप तो 'आत्मा' है।

✤✤

अनुभव करो कि ब्रह्मांड का स्वामी मैं हूँ। मैं ही ब्रह्म हूँ, यह आत्मानुभव संपूर्ण विश्व को जीत लेगा। विश्व को जीवन प्रदान करेगा तथा विश्व को गतिशील बनाएगा।

✤✤

अंत:करण की पूर्ण शक्ति के साथ सारी झिझक छोड़िए, तुच्छता और दुर्बलता का परित्याग कीजिए। सीधे अपनी आत्मा में कूद पड़िए, आत्मसाक्षात्कार कीजिए।

✤✤

प्रत्येक मनुष्य अपनी देह से संबंध रखने वाली क्षुद्र-से-क्षुद्र बात की चर्चा करेगा, परंतु अपने असली स्वरूप, अपने असली सारतत्त्व—आत्मा—के बारे में बतानेवाले कितने कम या विरले ही व्यक्ति हैं।

✤✤

तुम कौन हो? तुमने अपनी आत्मा ही गँवा दी, तो समस्त विश्व को पा लेने से क्या फायदा?

✤✤

खो गया! खो गया!! खो गया!!! क्या खो गया? घोड़ा या घुड़सवार? ओह, घुड़सवार खो गया। शरीर घोड़े के समान है, आत्मा घुड़सवार के समान है। घुड़सवार के बारे में हमें जानना है।

❖❖

हिंदू जब भक्तिमग्न होता है या समाधि लगाकर बैठता है, तब स्वभाव से ही अपने आप उसके नयन मुंद जाते हैं। इससे साफ पता चलता है कि वह अज्ञात तत्त्व हमारे अंदर है, जिसमें हमारे मन तथा बुद्धि लीन हो जाना चाहते हैं।

❖❖

जब तक तुम्हारी हर एक शारीरिक क्रिया उपासनारूप न हो, तब तक उपासना दिखावा है।

❖❖

उपासना की जान तो समर्पण और आत्मदान है। यदि यह नहीं तो उपासना व्यर्थ और निष्प्राण है।

❖❖

ईश्वर! तेरी इच्छा पूर्ण हो, मेरी नहीं—यही समर्पण है, यही आत्मदान है। यही व्यक्तिगत (विच्छिन्न) आत्मा का बलिदान है।

❖❖

यदि प्रार्थना का अर्थ माँगना, याचना करना, इच्छा करना है, तो ऐसी प्रार्थनाएँ कभी नहीं सुनी जातीं।

❖❖

तुम्हें अपने आपको आवश्यकता से ऊपर समझना चाहिए, तभी परमेश्वर द्वारा तुम्हारा स्वागत होगा।

❖❖

विश्व में कोई वस्तु नहीं, जो मुझे बाँध सके। प्रत्येक बंधन वास्तव में मुझसे ही पैदा होता है।

✤✤

कौन बाँधता है आपको बंधन में? केवल आपकी इच्छाएँ।

✤✤

अहंभाव मिथ्या है, जैसे जल में प्रतिबिंब।

✤✤

वैराग्य के द्वार से प्रभुत्व के महल में प्रवेश करो।

✤✤

अपने ध्यान का केंद्र अपने से बाहर मत रखो। अपने पर भरोसा रखो। अपना केंद्र आप स्वयं बनो, अपनी आत्मा को बनाओ। तब तुम्हें कोई हिला नहीं सकेगा।

✤✤

आपके अंदर की वास्तविक आत्मा ही सारे जग की स्वामी है।

✤✤

मृत्यु का अर्थ है, केवल विषय (शरीर) का लोप हो जाना, न कि विषयी (आत्मा) का नाश।

✤✤

सब जातियों और राष्ट्रों की उन्नति का मूल कारण उनकी आत्मा है, शरीर तो केवल आवरण के समान है।

□

5

धर्म

प्रत्येक धर्म के तीन अंग होते हैं—हर एक धर्म का अपना तत्त्वदर्शन, पुराण तथा कर्मकांड होते हैं। तत्त्वदर्शन के बिना किसी धर्म की स्थिति संभव नहीं है। विद्वानों, बुद्धिमानों तथा तर्कशील वर्ग के व्यक्तियों को प्रभावित करने के लिए तत्त्वदर्शन की आवश्यकता होती है। रसिक-स्वभाव तथा उत्साह भरी प्रवृत्तियों वाले व्यक्तियों के चित्त मुग्ध करने के हेतु पुराण शास्त्र की आवश्यकता होती है। साधारण जनता को अपनी ओर आकर्षित करने के लिए कर्मकांड की जरूरत पड़ती है।

इस संसार के सभी धर्म या मजहब किसी खास आदमी पर आश्रित हैं। ईसाई मजहब ईसा पर आधारित है, कन्फ्यूशिनिज्म कन्फ्यूशियस पर, बौद्धमत महात्मा बुद्ध पर, जोरास्ट्रियनिज्म जोरास्ट्र पर, इसलाम मुहम्मद पर। परंतु वेदांत शब्द का अर्थ है—अंतिम ज्ञान। सच्चा अध्यात्म तो विश्व के सर्वोत्तम हिमालय से प्रवाहित हुआ है। सच्चा अध्यात्म भारत से प्रकट हुआ है।

✤✤

धर्म

धर्म वस्तुतः एक योग क्रिया है, जिसके अनुसार मन तथा बुद्धि बाहरी संसार से पीछे लौटकर उस अज्ञात, अचिंत्य मूल स्रोत में लय होते हैं।

✤✤

धर्म का अभिप्राय है, उस अज्ञात अगोचर का मन तथा वाणी से साक्षात्कार करना, जहाँ जाति-पाँति, रंग-रूप, मत-मतांतर, सिद्धांत-उपसिद्धांत, देश-काल इहलोक परलोक आदि सबकुछ विलीन हो जाता है।

✤✤

सभी संप्रदायों का एक ही उद्देश्य है कि वे उस परदे को दूर हटाएँ, जो हमारी आँखों के आगे पड़ा रहता है।

✤✤

जिसे धर्म की प्राप्ति हो गई, उसका आचरण ऐसा निर्मल होना चाहिए कि जिसे किसी प्रकार विचलित न किया जा सके।

✤✤

प्रमाणों पर आधारित धर्म कोई धर्म नहीं है। सत्य या धर्म वह है, जो आपके अपने अनुभव, अपने प्रमाण पर आधारित हो।

✤✤

धर्ममत को श्रेष्ठ बनाने अथवा परदे को बारीक बनाने का कार्य बुद्धि द्वारा किया जाता है, परंतु परदे को हटाने का काम केवल भावना द्वारा किया जा सकता है।

✤✤

विश्वास ही धर्म का व्याकरण शास्त्र है।

✤✤

धर्म शिक्षा के विधि-निषेधों द्वारा आध्यात्मिक दिवालियापन पैदा किया जाता है।

✤✤

यदि आपका निश्चय अर्थात् धर्म-विश्वास आपके मन को साहस देता है तथा आपमें यह भावना दृढ करता है कि आपका उद्धार हो जाएगा तो आपका अवश्य उद्धार हो जाएगा।

✤✤

धर्म का जो स्वरूप बताया गया है, उसे जिस योग-साधना का रूप दिया गया है, विश्व के समस्त सत्य, खोज, आविष्कार, सिद्धांत-उपसिद्धांत स्वभावतः उसी दशा से व्यक्त होते हैं।

□

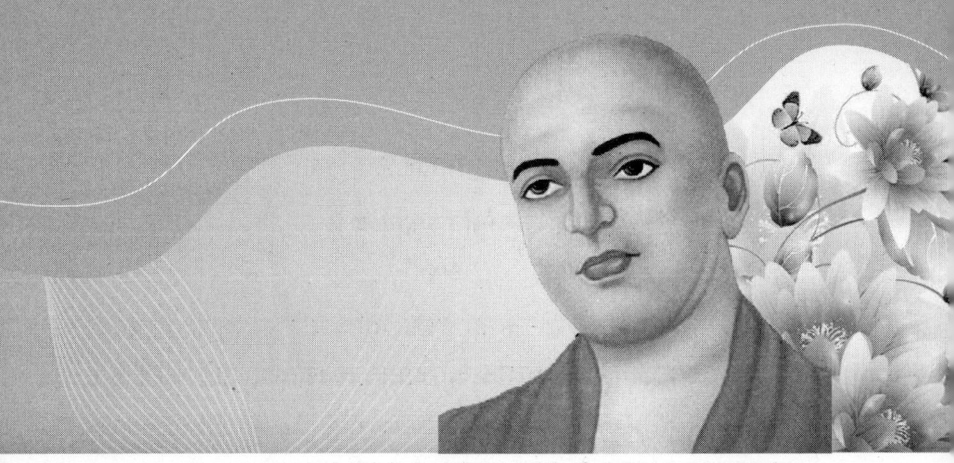

6

कर्म

कर्मठता—केवल कर्मठता ही जीवन है।

✤✤

सच्चे कर्म के संग जो प्रत्यक्ष आनंद जुड़ा हुआ है, वह है मुक्ति का एक कण—अनजाने ही आत्मानुभव का एक कण।

✤✤

निर्जीवता से जीवन में अंतर किस विशेषता द्वारा किया जा सकता है—गतिशीलता, उद्योग की शक्ति तथा कर्मठता से?

✤✤

जब तक तुम किसी कार्य को इस रीति से करते हो कि मानो तुम्हारा शरीर परमेश्वर के हाथ में एक यंत्र है, तब तक तुम अजेय हो।

✤✤

यदि सबकुछ कहीं बाहर के ही प्रारब्ध (भाग्य) से होता तो शास्त्र विधि-निषेध की बातों को स्थान न देता।

✤✤

संघर्ष करो, यह तुम्हारा पवित्र कर्तव्य है।

✤✤

जो मनुष्य कहते हैं कि हर कार्य भाग्य से होता है, वे भी सत्य कहते हैं; परंतु वे इस सिद्धांत को अमल में लाने में त्रुटि करते हैं। उदाहरणतः मौसम का बदलना तो दैवेच्छा, प्रारब्ध अथवा भाग्य है—वह एक निश्चित नियम है, परंतु मौसम के मुताबिक वस्त्र पहनना, ऋतु के अनुकूल अपने स्वभाव बनाना आपके अपने ही उद्योग या पुरुषार्थ पर आश्रित है, बदले हुए मौसम की अवस्था इसमें कुछ नहीं कर सकती।

✤✤

अपने कार्य की कठोर अथवा अनुकूल आलोचना से परेशान मत होओ। जो कुछ तुम कर रहे हो, वह पसंद किया जाएगा या नहीं, इसकी परवाह मत करो।

✤✤

अपने काम से प्यार करो। जहाँ तुम्हारा हाथ हो, वहाँ मन को भी रखो।

✤✤

कार्य को सफल बनाना है तो परिणाम का विचार छोड़ दें। फल या परिणाम की चिंता न करें। साधन तथा फल को एक कर दें, कार्य को ही परिणाम समझें।

✤✤

काम के लिए काम करो। काम अपना पुरस्कार आप ही है।

✤✤

कार्य उसी निर्लिप्त भाव से करो, जिससे चिकित्सक अपने बीमारों का इलाज करते हैं; परंतु बीमारी को अपने पास नहीं फटकने देते।

✤✤

बेगार काटने, किसी तरह समय बितानेवाले मजदूर की भाँति काम न करो। आनंद के लिए उपयोगी व्यायाम मानकर, मनोरंजक क्रीड़ा समझकर श्रेष्ठ राजकुमार की भाँति काम करो।

✤✤

जो कार्य खुदी से नहीं बल्कि खुदाई से किया जाता है, उसका परिणाम सदा शांत तथा कार्य-सिद्ध होता है।

✤✤

हमारे बाप ने कुआँ खुदवाया है, ऐसा कहने से प्यास नहीं बुझेगी, प्यास तो पानी पीने से ही बुझेगी।

✤✤

जब मनुष्य सही ढंग से काम-धंधे में लग जाते हैं तो उनके काम-धंधे में से ही मनोरंजन का उदय होता है।

✤✤

श्रेष्ठ कर्म को सच्चे प्रेम या सच्ची बुद्धिमत्ता से पृथक् नहीं किया जा सकता।

✤✤

अपने शरीराभिमान तथा मन को सूली पर चढ़ाओ, काम करो, तब तुमसे प्रकाश प्रसारित होगा।

✤✤

दीपक को गौरव तथा प्रकाश कैसे मिलता है?—निरंतर कार्य करते हुए अहंभाव का त्याग करने से।

✤✤

तुच्छ अहंकार को छोड़कर मानव जितना ऊँचा उठ सकता है, उतना ही ज्यादा गौरवपूर्ण उसका काम होता है।

जीवन-संग्राम में आलसी मनुष्य का नष्ट होना अटल है।

✤✤

इस जगत् में कोई भी परिश्रम, कोई भी शक्ति और कोई भी पदार्थ व्यर्थ नहीं जाता।

✤✤

यदि आप अपने कर्तव्य को पूरा करते हैं, यदि आप अपने कर्म का पालन करते हैं तो बाहरी मदद की चिंता मत कीजिए, वह तो आपको जरूर मिलेगी।

✤✤

अपने आप तो इन वासनाओं ने पीछा छोड़ना ही नहीं, जब भी पल्ला छूटेगा, आप ही छुड़ाना होगा।

✤✤

ठीक उपदेश और ठीक अमल का साथ-साथ चलना अत्यंत आवश्यक है।

✤✤

जब आप किसी भी श्रम के लिए अपना हाथ बढ़ाने को तैयार हैं तो ऊँचे पद आपका स्वागत करने के लिए हाथ फैलाएँगे।

✤✤

यदि कोई ऊँचा पद तुम्हें नहीं प्राप्त होता तो वृथा अभिमान तुम्हें सड़कों पर झाड़ू देने से न रोके। तुम्हारे हाथ के सामने जो काम आ पड़े, उसे करने में न झिझको।

✤✤

बाहरी प्रमाण से दी गई आज्ञा ज्यादा-से-ज्यादा संतुलित होगी, परंतु जिस आज्ञा की रचना तुम स्वयं करोगे, वह तुम्हारे स्वभाव से सिद्ध अथवा अंगरूप होगी।

प्रारब्ध शब्द तो केवल उन व्यक्तियों के आँसू पोंछने के लिए है, जो कोमल-हृदय हैं, जिन पर कोई मुसीबत आ पड़ी है—अन्यथा जीवन में समस्त कार्य केवल पुरुषार्थ द्वारा ही संभव होते हैं।

✤✤

यदि कोई मुझसे एक शब्द में मेरा तत्त्वज्ञान बताने को कहे तो में कहूँगा—'स्वावलंबन'।

✤✤

तुम्हें कर्म करने का अधिकार है, परंतु कर्म करने के साथ जो स्वार्थ-भावना लगी हुई है, उसे त्याग दो। जिन व्यक्तियों तथा जिन जातियों को सफलता मिली है, उन्हें इसी तरह का आचरण करने से मिली है।

□

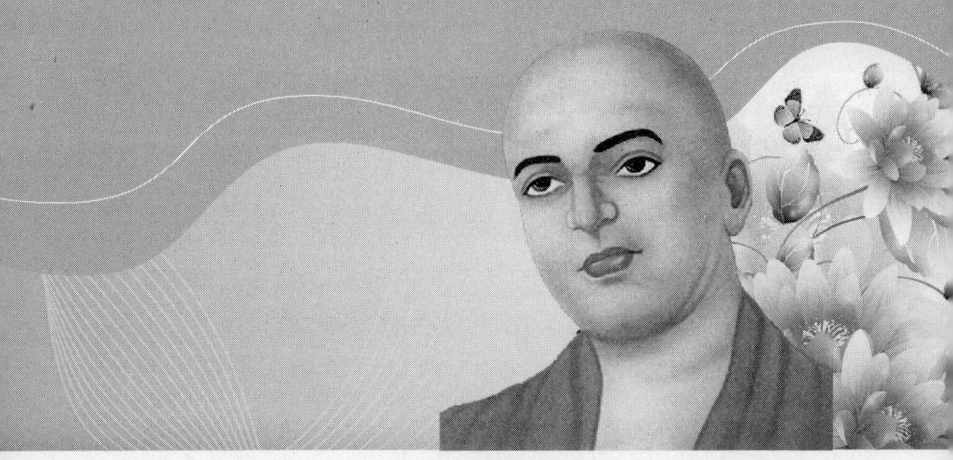

7

त्याग-बलिदान

बिना त्याग के दिव्य प्रेरणा कहाँ, ज्ञान कहाँ? बिना त्याग के प्रार्थना कहाँ?

❖❖

अत्यंत सुखी तथा सौभाग्यवान् वही है, जिसका जीवन निरंतर बलिदान है।

❖❖

वास्तविक कार्य तभी पूर्ण होता है, जब अपने को कार्यकर्ता कहनेवाला स्वयं अपना बलिदान कर देता है।

❖❖

सभी सद्‌गुरुओं और पैगंबरों ने पहले त्याग किया और बाद में उनकी पूजा हुई।

❖❖

प्रार्थना का सत्य भाव समर्पण करना ही है। इसका तात्पर्य है कि जो कर्म किया जाए, परमात्मा के निमित्त किया जाए।

दीपक की ज्योति का यही मूल मंत्र है, वह अपनी बत्ती तथा तेल को बचाने का प्रयत्न नहीं करता।

✤✤

मन में त्याग की अवस्था तथा ब्रह्मानंद आते ही ऐश्वर्य तथा सौभाग्य इस प्रकार दौड़े आते हैं, जैसे भूखे बच्चे माँ के पास।

✤✤

वैदांतिक त्याग का अर्थ है—समस्त चिंता, भय, गम, जल्दबाजी और मानसिक क्लेशों का त्याग।

✤✤

बलिदान से हर तरह की मुसीबत टल जाती है।

✤✤

वृक्ष बनने के लिए बीज को अपने आपको मिटा देना पड़ता है।

✤✤

सदा दाता बनिए, माँगनेवाले कभी नहीं।

✤✤

मनुष्य उसी परिमाण में धनी है, जिस परिमाण में वह वस्तुओं का त्याग करने की सामर्थ्य रखता है।

✤✤

सच्चा धन

अपने निज के सच्चे और अमूल्य धन को त्यागकर संसार की झूठी कौड़ियों के पीछे पड़ना हमारे लिए उचित नहीं और उन कौड़ियों के न मिलने पर शोक करना तो बहुत ही बुरा है। अपने वास्तविक धन और संपत्ति का आनंद एक बार लेकर तो देखो!

भगवान् शिव तथा उनकी अर्धांगिनी पार्वती पति-पत्नी की भाँति रहते हैं। वे अपने-अपने कर्तव्य को पूरा करते हैं। हिंदू धर्म-ग्रंथों में उन्हें त्याग का साकार रूप—आदर्श कहा गया है।

✤✤

जिस पल आप कामनाओं से ऊपर उठ जाते हैं, उनका तिरस्कार कर देते हैं, उसी पल आप देवता बन जाते हैं, और लक्ष्मी देवताओं के ही भाग्य की वस्तु है। लोगों का खयाल है कि 'त्याग' शब्द से हिंदुओं का तात्पर्य है—जंगल में चले जाना, प्रत्येक वस्तु से घृणा करना; किंतु हिंदुओं के अनुसार 'त्याग' शब्द का यह अभिप्राय कदापि नहीं है। हिंदुओं को अपने गृहस्थ जीवन में भी त्याग का स्वरूप अपने सामने रखना पड़ता है। यदि यह वेदांत या तत्त्वज्ञान, जोकि परम सत्य है, केवल वन में चले जानेवाले गिने-चुने व्यक्तियों के लिए होता तो व्यर्थ होता, हमें इसकी क्या आवश्यकता थी? इसे गंगा में फेंक देना चाहिए, हमें इसकी जरूरत नहीं। यह त्याग, जिसका प्रचार हिंदू करते हैं, सभी के उपयोग का है। जिस प्रकार के त्याग की हिंदू लोग शिक्षा देते हैं, वही सफलता की कुंजी है।

□

8

प्रेम

प्रेम का धर्म सब मतों से भिन्न है। प्रेमियों का मत व धर्म तो केवल ईश्वर है।

✤✤

सच्चा प्रेमी वही है, जो अपने प्रेमपात्र के लिए अपना जीवन तक बलिदान करने को तैयार रहता है।

✤✤

पाप से घृणा कीजिए, परंतु पापी से प्रेम कीजिए।

✤✤

आप किसी मनुष्य को नहीं जान सकते, जब तक कि पहले उससे प्रेम न करें।

✤✤

प्रेम की चरम सीमा में न प्रेमी रहता है, न प्रेमिका।

✤✤

सारा व्यक्तिगत तथा शरीर से बँधा प्रेम आपको भी शांत बना

देता है और उसके प्रेमपात्र को भी।

❖❖

विकास तथा उन्नति का वातावरण सेवा और प्रेम से बनता है, आज्ञा या मजबूरी से नहीं।

❖❖

जीवन-संघर्ष में कौन जीतता है?—प्रेम।

❖❖

हे निंदक! मैं तुझे प्यार करता हूँ; परंतु उसे भी प्यार करता हूँ, जिसकी तुम निंदा कर रहे हो।

❖❖

द्वेष तथा बदले की भावना से मनुष्य की कोई भलाई नहीं होगी; भलाई तो होगी प्रेमपूर्वक कर्तव्य पालन करने से।

❖❖

चरित्र

निर्मल प्रेम और आत्म-त्याग ही अच्छे चरित्र की अपनी आवश्यक विशेषताएँ हैं; दूसरों के प्रति अच्छा होना तो इसका आकस्मिक परिणाम है।

❖❖

बनावटी प्यार, दिखावे का झूठा भाव, कृत्रिम भावना का जोश-खरोश ईश्वर का अपमान है।

❖❖

प्यार

मैंने एक महिला से पूछा कि तुम अत्यंत प्रतिकूल वातावरण

(जलवायु) में फूलों को कैसे खिला लेती हो? उसने उत्तर दिया—मैं उनसे प्यार करती हूँ और उपाय वे स्वयं मुझे बता देते हैं।

✤✤

स्वयं प्रेम रूप बना जाओ, तभी तुम आकर्षक तथा संपूर्ण बन जाओगे।

✤✤

प्रेम जहाँ आशा कर सकता है, वहाँ तर्क या दलील को निराश होना पड़ता है।

जहाँ दलीलें नहीं जीततीं, वहाँ प्यार के जीतने की आशा रहती है।

✤✤

केवल मात्र दिव्य नियम प्रेम ही है, दूसरे सब नियम मात्र संगठित डाकाजनी हैं।

✤✤

सूर्य और सर्दी

सच्चा प्यार सूर्य के समान आत्मा को विस्मृत करता है—खिलाता है, मोहभाव से आत्मा सिकुड़ती और बद्ध हो जाती है।

✤✤

प्रेम, पवित्रता

सच्चा प्रेम पवित्रता है और सच्ची पवित्रता प्रेम।

✤✤

कोमल हृदय

जो व्यक्ति कोई गलत काम करता है; परंतु उसका हृदय प्रेममय

है। जिसके सारे काम संसार की दृष्टि में पवित्र नहीं हैं; परंतु जिसकी आत्मा नम्र है, जिसका मन भला है, जिसकी भावना कोमल है और ईश्वर के निकट है, वह मनुष्य दार्शनिकों की अपेक्षा स्वर्ग के साम्राज्य के निकट है।

❖❖

यदि प्रेम किसी वस्तु के लिए तीव्र इच्छा है तो सभी इच्छाएँ प्रेम के सिवाय और कुछ नहीं हैं।

❖❖

सभी इच्छाएँ प्रेम रूपी सागर की तरंगें, लहरें और बुलबुले हैं।

❖❖

ईश्वर-प्रेम यह है कि मेरा शरीर उसका हो जाए और उसका आत्म मेरा आत्म हो जाए।

❖❖

प्रेम पात्र

आप किसी प्रेमपात्र को उसके कारण प्रेम नहीं करते, आप उसके अंदर आत्म (अपने आप) को प्रेम करते हैं।

❖❖

राम आपसे कामुकता, मूढ़ता तथा विषयों की आसक्ति का त्याग करने के लिए कहता है, वह कभी नहीं चाहता कि आप सच्चे प्रेम को छोड़ दें।

❖❖

प्रेम करते हुए रोना, चीखना, भिक्षा माँगना आदि घृणित अवस्था का नाम भक्ति नहीं। भक्ति तो देव के साथ पूरी एकता, प्रकाशमय

मधुरता, दैवी निर्द्वंद्वता[1] की दशा का नाम है, ऐसी दशा, जो वर्णन से परे है।

✤✤

जीवन-संघर्ष में विजय किसकी होती है ?—प्रेम की। जो जातियाँ अपने चित्त को एकता के सूत्र में बाँध लेती हैं, जो अपने दिमागों को एक स्वर में बाँध लेती हैं, अपने हाथों को प्रेम से परिपूर्ण सेवा में लगा सकती हैं, उनकी जनसंख्या भले ही कितनी कम हो, वे अलग-अलग क्षेत्रों में कार्य करते हुए भी हमेशा विजय प्राप्त करती हैं।

मजदूरी और प्रेम

घर-परिवार को प्रेम की सीमा नहीं, बल्कि प्रेम का केंद्र बनाना चाहिए। लोग अपने घर को प्रेम की हद बना लेते हैं, जिससे उनका प्रेम उस हद से बाहर न जा सके। घर, पत्नी तथा संतान को प्रेम का केंद्र बनाना चाहिए, ताकि प्रीति की किरणें सभी दिशाओं में फैल सकें। तुम्हारा प्रेम घर की सीमा में बँधा हुआ नहीं होना चाहिए।

□

---

1. निर्द्वंद्वता : सुख-दुःख, लाभ-हानि, जय-पराजय, राग-द्वेष के द्वंद्वों (जोड़ों) से ऊँचा उठने की दशा।

9

आनंद

जो मनुष्य आनंद से भरा रहता है, परमात्मा उसमें निवास करता है।

✤✤

आनंद कर्म के वस्त्र पहने रहता है।

✤✤

प्रसन्नता से बढ़कर रसायन दूसरा नहीं है।

✤✤

खुद लीन हो जाने का नाम ही स्वाद है—आनंद है।

✤✤

आनंद का डेरा डालने से पहले जमीन को साफ कर लेना अत्यंत आवश्यक है।

✤✤

सुख केवल ब्रह्मनिष्ठ पुरुष को है।

✤✤

जो आनंद नहीं प्राप्त कर सकता, वह मानव-हित नहीं कर सकता; जो मानव-हित कर सकता है, वही आत्मा के आनंद को प्राप्त कर सकता है।

✤✤

अनंत वस्तु ही आनंद है, किसी नाशवान् या सीमित पदार्थ में आनंद नहीं है।

✤✤

मन का स्वभाव

मन अपने स्वभाव के कारण, अपने दिव्य स्वभाव के कारण चिरकाल तक अशांत अवस्था में नहीं रह सकता।

✤✤

शांति और ताप

कोमल शांति सुंदर है, परंतु उष्ण ताप की प्रचंडता का आनंद भी अद्‌भुत होता है।

✤✤

आनंद में

वे लोग सचमुच आनंद में हैं, जो सांसारिक सुख-दुःख से ऊपर रहते हैं।

✤✤

इसमें कुछ संदेह नहीं कि जो आनंद एकांत-सेवन और अंतर्मुख होने में है, और कहीं नहीं है।

✤✤

माया, छाया

माया और जगत् से चित्त हट जाने पर जगत् सेवक बन जाता है, जैसे छाया की ओर पीठ करके सूर्य की ओर जाने से छाया पीछे आती है।

❖❖

यदि आप शांति तथा पूर्ण प्रसन्नता प्राप्त करना चाहते हैं तो आपको अपनी नीच वृत्तियों को मारना होगा।

❖❖

प्रसन्नचित्त उद्योगी कर्ता को प्रकृति प्रत्येक प्रकार की सहायता देती है।

❖❖

क्यों हमें घने जंगलों, मनोहर भूखंडों, सरिताओं, झीलों, हरे-भरे पर्वत दृश्यों से उत्साह, हर्ष, आकर्षण तथा आनंद प्राप्त होता है? इसलिए इन्हें देखकर हमें अपनी सीमित व्यक्तिगत सत्ता से मुक्ति प्राप्त होती है।

❖❖

जिस क्षण आप देह से तथा तुच्छ, स्वार्थ भरी, नीच, क्षुद्र, ओछी आसक्तियों[1] से ऊँचे उठते हैं, उसी क्षण आप अपनी मानसिक स्थिरता तथा प्रसन्नता को वापस पा सकते हैं।

❖❖

प्रसन्नता पोस्त के फूल के समान है, ज्यों ही आप फूल तोड़ते हैं, उसकी पँखुड़ियाँ झड़ जाती हैं।

□

---

1. इंद्रियों के सुखों की लालसाएँ।

10

स्वतंत्रता

क्या तुममें असंख्य इच्छाएँ, कामनाएँ, लोभ-लालच और विकार मौजूद नहीं हैं ? तो फिर तुम अपने को स्वाधीन किस प्रकार कह सकते हो ?

❖❖

तुम अपने को स्वाधीन समझो, उसी क्षण तुम स्वाधीन तथा मुक्त हो जाओगे।

❖❖

अपना आकर्षण-केंद्र अपने से बाहर मत रखो।

❖❖

केवल न्याय की मर्यादाओं के भीतर ही स्वतंत्रता का निवास हो सकता है।

❖❖

आजादी

आजादी ! आजादी ! आजादी ! हर एक को आजादी की भूख है,

प्यास है; परंतु दुनिया में कितने लोग हैं, जो सही अर्थों में आजाद हैं ?

❖❖

घातक

निंदा और स्तुति, दुःख और आनंद एक समान घातक हैं, यदि हम इनके अधीन हो जाएँ।

❖❖

अपने ऊपर मेहरबानी कीजिए, अपनी आँखों पर दया कीजिए, अपने कानों पर दया कीजिए, अपने नयनों तथा कानों को प्रयोग में लाइए। उसके बाद कोई फैसला कीजिए। दूसरों के सुझाव और सलाह पर फैसला मत कीजिए। औरों के विचारों पर मुग्ध न हो जाइए। दूसरों के मत के दास न बनिए। मनुष्य दूसरों को दास बनने की दुर्बलता से जितना बचा रहता है, उतना ही वह स्वतंत्र होता है।

❖❖

शीघ्र उन्नति

लोग शीघ्र उन्नति क्यों नहीं करते ?—क्योंकि दूसरों की सम्मति और रीति-रिवाजों का भारी बोझ हिमालय की तरह उनकी पीठ—नहीं, नहीं, उनकी छाती पर सवार रहता है और वह उन्हें एक कदम भी आगे नहीं बढ़ने देता।

❖❖

स्वर्ग

जब आप समझें कि आप सब प्रकार की इच्छाओं से ऊपर उठ चुके हैं और साथ ही पूरी तरह से स्वतंत्र—पूर्णतया स्वाधीन हो चुके हैं तथा पूरी तरह आनंद से परिपूर्ण हो चुके हैं, तो वही स्वर्ग है।

❖❖

भाग्य बड़ा या पुरुषार्थ

भाग्यशाली वह मनुष्य है, जो हर एक बंधन के विरुद्ध खड़ा होकर अपने देवत्व को प्रकट करता है।

✤✤

आवश्यकता का सही मूल्य और नाप-तौल जानना ही सही आजादी है।

□

11

आत्मविश्वास, संकल्प और सफलता

विश्वासवाले जब चलते हैं तो संसार को एक पल में हिला सकते हैं।

✤✤

संपूर्ण शक्ति की कुंजी तुम्हारे अपने भीतर ही है, और कहीं नहीं।

✤✤

संकल्प या दृढ विचार प्रारब्ध का दूसरा नाम है।

✤✤

इतिहास मनुष्य की इच्छा के आगे झुकता है, भले ही वह एक आदमी की इच्छा हो।

✤✤

संसार एक तरफ हटकर उसे रास्ता दे देता है, जो यह जानता हो कि उसकी मंजिल कौन सी है।

✤✤

सफलता के लिए सच्ची इच्छा और सच्चा संकल्प आवश्यक है।

✤✤

सफल वे ही होते हैं, जो सर्वदा प्रसन्नमुख रहते हैं।

❖❖

इस समय जितना प्रकाश आपके पास मौजूद है, उसी को प्रयोग में लाओ। इसके अनंतर आपको आगे का मार्ग मिलेगा।

❖❖

सफलता का प्रथम सिद्धांत है—काम, विश्राम-रहित काम।

❖❖

यदि तुम काम में लगे हो तो स्वयं काम ही बन जाओ, सफलता का यही साधन है।

❖❖

जो प्रकाश हमें प्राप्त है, उसका उचित उपयोग ही अधिक प्रकाश प्राप्त करने का साधन है।

❖❖

सफलता का सही पैमाना यह है कि उससे आपका आध्यात्मिक विकास कितना हुआ।

❖❖

भविष्य की सफलता के लिए बेचैनी और जल्दबाजी ही प्रायः असफलता का कारण होते हैं।

❖❖

कामुकता

यदि विषय-वासना तुम्हें अच्छे रास्ते से भटका दे, यदि काम-वासना की दलदल में तुम अपने को फँसा पाओ तो अपने को ईश्वर समझकर आत्म-अनुभूति को पाने के लिए अपनी प्रबल इच्छाशक्ति का प्रयोग करो।

संकल्प का फल

आत्मा में चित्त के लीन होते ही जो भी संकल्प होगा, सत्य तो अवश्य ही हो जाएगा; किंतु यदि वह संकल्प अज्ञान, अधर्म तथा स्वार्थ से भरा है तो काँटेदार विषैले अंकुर की भाँति उगकर कठोर परिणाम का कारण होगा।

✤✤

उद्‌देश्य और लक्ष्य

यदि आपका लक्ष्य एक हो, यदि आपका उद्‌देश्य एक हो तो आपको कोई कष्ट नहीं हो सकता; परंतु यदि आपके मन में दुविधा है और कई उद्‌देश्यों का आपस में संघर्ष है तो आपके मनसूबों का भवन ढह जाएगा, आपको अवश्य ही कष्ट होगा।

✤✤

विश्वास का बल

क्या यह काम आपके हाथ-पाँव करते हैं ? नहीं, नहीं। आपके भीतर का आत्मबल और विश्वास है, जो आपकी नस-नाड़ी में गति, तेज तथा तपस्या पैदा करता है।

✤✤

जब तक मन में विश्वास न हो, हाथ में शक्ति नहीं आती।

✤✤

परिवर्तन

सारे संसार को यदि तुम हिलाना चाहते हो तो सबसे पहले संसार के उस भाग को हिलाओ, जो तुम्हारे अत्यंत समीप है— अर्थात् अपने आपको।

✤✤

विजयिनी इच्छाएँ

वे ही इच्छाएँ विजयिनी होती हैं, जिनमें सच्चाई, औचित्य, न्याय, ईश्वर-परायणता तथा पवित्रता हो।

❖❖

जब अपने व्यक्तित्व तथा अहंकार को श्रम की सूली पर चढ़ा चुकोगे, तब सफलता तुम्हें खोजेगी, तब प्रशंसा करनेवाले मनुष्यों की कमी न रहेगी।

❖❖

जितने परिमाण में हम जिंदा हैं, अर्थात् सर्वरूप परमेश्वर में निमग्न हैं, उसी परिमाण में हमारा कार्य पूर्ण होता है।

❖❖

माँगो और तुम उसे पाओगे, खटखटाओ और दरवाजा तुम्हारे लिए खुल जाएगा; परंतु तुम्हें उसकी कीमत भी देनी होगी।

❖❖

यदि आपमें असफलता को सहन करने की शक्ति नहीं है तो आपको सफल होने का कोई अधिकार नहीं है।

❖❖

सफलता का एक उपाय : प्रसन्न-हृदयता

जब तक आपका चित्त हाय-हाय कर रहा है, तब तक आपका उद्देश्य सफल नहीं हो सकता।

❖❖

ये सब उपाय, जो दूसरों से माँगने के हैं, सब के सब असफलता में समाप्त होते हैं।

❖❖

अपने को परिस्थिति के अनुकूल ढाल लो, आप देखोगे कि जब आप सद्‌भावना से किसी काम को करते हैं तो आपके हर काम के सिर पर सफलता का मुकुट पहनाया जाएगा।

□

12

सत्य

राम के लिए सत्य से आदरणीय और कुछ नहीं।

✤✤

सत्य को जानने की आवश्यकता है, केवल ग्रंथों या प्रमाणों से उस पर विश्वास करने की नहीं।

✤✤

निर्दय सत्य की यात्रा हमेशा इनसानों की खोपड़ियों से कुटी हुई सड़क पर होती है।

✤✤

विजय होने पर आप में से सत्य की शक्ति प्रकट होनी चाहिए, असत्य की नहीं।

✤✤

जब हृदय सत्य के साथ स्पंदित होता है, तब समस्त विश्व उस हृदय के साथ ही स्पंदित होता है।

✤✤

सत्य किसी का लिहाज नहीं करता।

❖❖

सत्य की प्राचीनता

सत्य उतना ही प्राचीन है, जितने कि हिमालय के ऊँचे शिखर। सत्य की घोषणा गंगा के तटों पर हजारों हजार वर्ष पूर्व हुई थी।

❖❖

सत्य महान्

सत्य आपके लिए इतना महान् बन जाए कि तमाम नाम और रूप, धन की थैलियों और व्यक्तियों की चमक-चमक आपको सत्य से गिरा न सके।

❖❖

पक्का साथी

आपका पक्का साथ सत्य के संग होना चाहिए, भले ही आपको अकेले चलना पड़े। सत्य के साथ जियो, सत्य के साथ मरो।

❖❖

यदि आप अपने प्रति सच्चे हैं तो आप यह देखकर चकित रह जाएँगे कि आप सबके प्रति सच्चे हैं।

❖❖

सत्य का स्वरूप

सत्य का स्वरूप रेखाओं में नहीं बाँधा जा सकता।

❖❖

सत्य से दूर

जब मन सत्य से दूर हो जाता है, जब मन दिव्य विधान के साथ

तालबद्ध नहीं होता, जब मन बाहरी दृश्यमानों तथा नाम रूपों पर ही निर्भर हो जाता है, तो समस्त विश्व उस मन के विरुद्ध स्पंदित होता है।

❖❖

सत्य निकट

सत्य को माता, पिता, पत्नी, बच्चों तथा मित्रों से अधिक निकट और घनिष्ट मानो।

❖❖

सत्य प्रीति

क्या आप सत्य से उतनी प्रीति कर सकते हैं, जितनी कि पत्नी से या निकट संबंधियों से ?

❖❖

इस बात पर पूरी दृढता से विश्वास होना चाहिए कि सत्य के साथ व्यापार करने में जो फायदा है, वह कभी भी असत्य के व्यवहार से नहीं होगा। काठ की हाँड़ी दूसरी बार नहीं चढ़ती।

❖❖

सत्य से धन और विजय

सत्य की ही सदा जीत होती है, असत्य की नहीं। पुराणों में लिखा है—'लक्ष्मी विष्णु की सेवा करती है, वह विष्णु के पैर दबाती है। लक्ष्मी विष्णु की छाया-सी संगिनी है। यदि विष्णु हैं तो लक्ष्मी भी हैं। विष्णु नहीं तो लक्ष्मी भी नहीं।' यह उक्ति सर्वथा उचित है। विष्णु का अभिप्राय सत्य तथा धर्म है। लक्ष्मी का तात्पर्य धन तथा जय है। जहाँ सत्य तथा धर्म नहीं, वहाँ धन और जय भी नहीं।

□

13

एकाग्रता

अगर हम चाहें तो मन को चाहे जहाँ एकाग्र कर लें, यद्यपि बड़े परिश्रम और प्रयत्न की आवश्यकता होती है। परंतु जितना हम मन को अधिक एकाग्र कर लेंगे, उतना ही लाभ होगा।

पूर्ण ध्यान

अपने पूर्ण ध्यान का प्रयोग न करके, जितना काम आप दिन भर में कर सकते हैं, उसकी बजाय कहीं अधिक काम आप पूर्ण ध्यान के उपयोग से कर सकते हैं।

एकाग्रता

एकाग्र होने का अभिप्राय यह है कि व्यक्ति अपने तुच्छ अहंभाव को भूल जाता है, उसे अपने शरीर, मन तथा बुद्धि का होश तक नहीं रहता; इस प्रकार की दशा छा जाती है, जहाँ जगत् अहंभाव तथा समस्त

प्रसार अचिंतनीय परम तत्त्व में लय हो जाते हैं।

✤✤

एकाग्रता का फल

राम अपने व्यक्तिगत अनुभव से कहता है कि मन की एकाग्रता के अभ्यास से आप में दिनोदिन शक्ति और शक्ति आती जाएगी। दुर्बलता नहीं, बल्कि बल आएगा, ओज और तेज आएगा, असीम शक्ति आएगी।

✤✤

सोचना

जब हम सोचते हैं तो क्या करते हैं ? हम किसी विषय पर ध्यान एकाग्र करते हैं। अन्य सभी विषयों को दूर हटाकर एक विषय-वस्तु पर ही ध्यान जमा देते हैं। हमारी सारी शक्तियाँ उसी एक बिंदु पर टिक जाती हैं। मन उस विचार से व्याप्त हो जाता है। परिणाम यह होता है कि विचार तो लुप्त हो जाता है और उच्चतर चेतना जाग्रत् होती है, जोकि समस्त ज्ञान का स्रोत है।

□

14

विपत्तियाँ और साहस

क्या तुम डरते हो? किससे डरते हो?
ईश्वर से? तब तो मूर्ख हो!
मनुष्य से? यह तो कायरता है।
पंच भूतों से? उनका सामना करो।
अपने आप से? जानो अपने आपको—
कहो ''अहं ब्रह्मास्मि!

❖❖

तुम्हारा थर-थर काँपना और अपने ईश्वरत्त्व में विश्वास न होना ही तुम्हें तुच्छ बनाता है।

❖❖

डर हमारे पास तभी आता है, जब हम अपने को भय का घर अर्थात् शरीर समझते हैं।

❖❖

जिस मनुष्य को सांसारिक नखरे-टखरे और क्रोध-कटाक्ष नहीं

हिला सकते, वह संसार को अवश्य हिला देगा।

✤✤

यह संसार तथा इसका आपके साथ व्यवहार आपके साहस और मनोभावों का जवाब है।

✤✤

निर्भय वही है, जो परिवर्तन से घबराता नहीं, मृत्यु से डरता नहीं।

✤✤

किसी व्यक्ति में चरित्र-बल उतना ही अधिक होगा, जितनी अधिक परीक्षाओं में से होकर वह गुजरा होगा।

✤✤

असाधारण साहस तथा दृढ़ता जहाँ पर प्रबल होंगे, वहाँ स्वार्थभावना का लेश भी नहीं होगा।

✤✤

निर्भयता

निर्भय बैठा मूँछ भेद-भावना दिल से छोड़, मरोड़।

✤✤

आशीर्वाद

कुछ लोगों के लिए मुसीबतें आशीर्वाद के समान होती हैं।

✤✤

सामने देखो

सामने देखो, जिसका अर्थ है, किसी भी व्यक्ति या प्रत्येक व्यक्ति

के सामने देखने का साहस करना; उसी तरह जैसे आप पेड़ों और नदियों की ओर निर्भयता से देखते हैं।

❖❖

निर्भयता

एक ही दृष्टि से सिंह वश में किए जा सकते हैं, एक ही नजर से शत्रु शांत किए जा सकते हैं, एक ही निर्भयता की चोट से सफलता प्राप्त की जा सकती है।

❖❖

डरपोक

निडरता से चीते को भी वशवर्ती किया जा सकता है और डरपोक को बिल्ली भी खा जाती है।

❖❖

कष्ट और पीड़ा

कष्ट और पीड़ा—अपने को कैदी और परिस्थितियों का दास समझने का ही दूसरा नाम है।

❖❖

रोग-कारण

अपने दुःखों के वास्तविक कारण को न जानकर, जो 'दैवी नियमों के विरुद्ध चलता है, लोग अपने बाहरी लक्षणों को अर्थात् बाहरी अवस्थाओं को दोषी मानने लग जाते हैं।

❖❖

विषय-विकार

विषय-विकार में, स्वादों में पड़ना आचरण से ईश्वराज्ञा तोड़ना है, जिसकी सजा बीमारी, दुःख-दर्द है।

✤✤

प्रत्येक व्यक्ति कहता है

'मैं मन हूँ।' प्रत्येक ने अपने को मन स्वीकार कर लिया है—'मैं मन हूँ', 'मैं बुद्धि हूँ।' इस तंग गलेवाले पात्र में पड़े मेवों को वह पक्की तरह पकड़ लेता है। इसी से तुम दास बनते हो। इसी से तुम्हें चिंता, भय, लोभ तथा सब प्रकार के क्लेश और दुःख घेरते हैं और गुलाम बना लेते हैं।

✤✤

मृत्यु का भय

विपत्ति के भय से अधिक कोई विपत्ति नहीं। मौत के भय को हृदय में स्थान देने की बजाय मैं मर जाना बेहतर समझूँगा।

✤✤

भय

सब प्रकार के भय की तह में स्वार्थ-भावना छिपी रहती है।

✤✤

दुःख पंक्ति

प्रायः एक दुःख विपत्तियों की कतार आने की सूचना देता है।

✤✤

दुःखी और सुखी

दुःखी और सुखी में अंतर केवल इतना ही है कि एक के मन

में काम (वासना) ऊपर, राम नीचे है और दूसरे के मन में राम ऊपर और काम नीचे है।

❖❖

अंधकार

अंधकार के साथ लड़ाई-झगड़ा करने से अंधकार दूर नहीं होगा···अंदर प्रकाश ले जाइए, मालूम होगा अंधकार कभी था ही नहीं।

❖❖

मानसिक रोग

जब मानसिक रोग दूर हो जाएँ तो सांसारिक कष्टों का दूर भागना अनिवार्य हो जाता है।

पीड़ा और दुःख

पीड़ा और दुःख इस संसार के लिए वरदान हैं, यदि यहाँ पीड़ा और दुःख न होते तो कुछ भी उन्नति न होती।

❖❖

जीवन-मृत्यु

प्रेमी के लिए प्रिया के काले केश उसी प्रकार मुग्धकारी हैं, जिस प्रकार प्रिया का गोरा मुखड़ा। इसी प्रकार राम रात्रि का भी उसी प्रकार स्वागत करता है, जैसे दिन का; मृत्यु उसके लिए वैसे ही मधुर है, जैसे जीवन। ज्वर उसी प्रकार स्वागत-योग्य है जैसे स्वास्थ्य; शत्रु उसी प्रकार प्रिय है, जैसे मित्र।

❖❖

हाथी को अपनी शक्ति पर तनिक भी विश्वास नहीं होता। वह

हमेशा गिरोह बनाकर रहता है, ताकि अकेला देखकर कोई उसे खा न ले। शेर हालाँकि शरीर में हाथी से छोटा है; परंतु वह साहस से भरपूर है यही कारण है कि उसके सामने हाथी ठहर नहीं पाता। शेर अपने भीतर के परमेश्वर अर्थात् आत्मा को मार नहीं रहा, अपितु उसे असली रूप में प्रकट करता है।

□

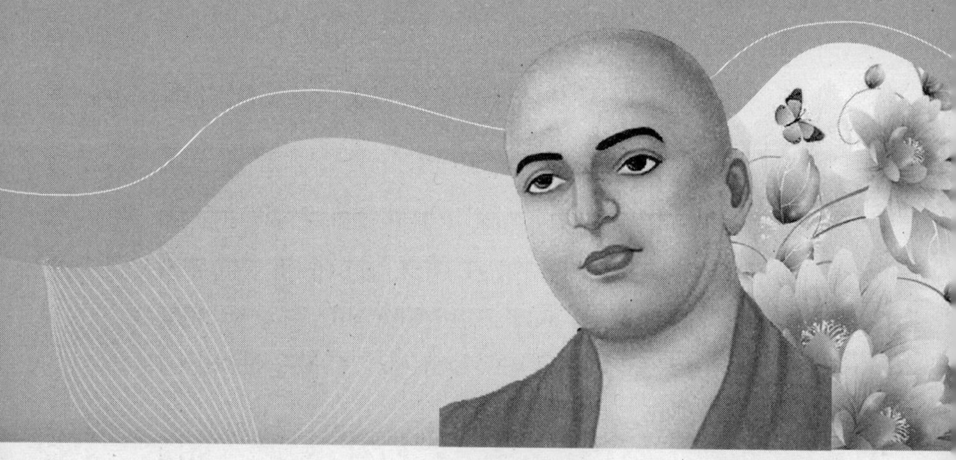

15

विचारों की शक्ति

जैसा सोचोगे, वैसे बन जाओगे। यदि अपने को पापी कहोगे तो पापी बन जाओगे, मूर्ख कहोगे तो मूर्ख बन जाओगे, दुर्बल कहोगे तो दुर्बल बन जाओगे। तब इस संसार में कोई शक्ति नहीं, जो आपको बलवान बना सके।

आप जैसा सोचते हो, वैसे ही बन जाओगे। यदि आप अपने को ईश्वर अनुभव करते हैं तो आपके समस्त विचार, संपूर्ण भावनाएँ तुरंत समर्थ हो जाएँगी।

✤✤

पर्याप्त विचार का अर्थ है—प्रकाशमय विचार।

✤✤

जड़ देह

तुमने आज तक सदा अपने को जड़ देह समझा है और वैसे ही जड़ तुम हो गए हो।

✤✤

गंदे विचार

यदि आपके विचार गंदे हों, दुराचारों का पोषण करते हों तो इन स्वार्थमयी इच्छाओं की पूर्ति होगी; परंतु इसके साथ ही हृदय के टुकड़े-टुकड़े कर देनेवाली पीड़ा और बेचैन करनेवाला शोक भी आपको भोगना पड़ेगा।

✤✤

वेदना

केवल वेदना (पीड़ा) रूपी आग मन रूपी कोयले को जलाए, तभी ज्ञान रूपी प्रकाश होता है।

पुस्तकें, संगति

इस प्रकार की पुस्तकें पढ़िए, जिनसे आपको प्रेरणा मिले। ऐसी संगति में बैठिए, जिससे आप में सद्‌भावना आए।

✤✤

ऊँची शूरवीरता

ऊँचे दरजे की शूरवीरता तथा ऊँचे विचारों का आप यह अर्थ न समझ लें कि अपने को तो तीसमारखाँ और दूसरों को तुच्छ समझने लगें।

✤✤

तलवार

तुम्हें कोई भी तलवार नहीं काट सकती, जब तक तुम यह न मान लो कि वह काटती है।

✤✤

व्यर्थ संकल्प

व्यर्थ संकल्प, चिंता और बेबुनियाद अनुमान मनुष्य की बुद्धि को भ्रष्ट कर देते हैं।

✤✤

उनके बारे में दया की भावना से तथा प्रेम से विचार कीजिए, जो आपको सबसे अधिक हानि पहुँचाना चाहते हैं।

✤✤

जीवित और मृत

जिंदा लोगों को मुरदा लोगों के हाथों में मत सौंपो। तुम जब प्राचीन लोगों की पुस्तकों को पढ़ते हो तो अपने को उनके आगे बेच मत डालो। स्वयं विचार करो, चिंतन करो।

✤✤

मनुष्य वस्तुओं से प्रभावित नहीं होते, बल्कि वस्तुओं के बारे में अपने विचारों से प्रभावित होते हैं।

पढ़ना

ग्रंथों को पढ़ने में इतना आनंद नहीं आता, जितना तन्हाई में बैठकर उनको विचारने और अपने अंदर धारण करने में आता है।

✤✤

समझदार

समझदार मनुष्य एक पिन के समान होता है, जिसका सिर उसे बहुत अधिक दूर नहीं जाने देता।

जाति का सम्मान

किसी जाति का सम्मान तुच्छ विचारोंवाले महान् पुरुषों के कारण नहीं, बल्कि महान् विचारोंवाले छोटे आदमियों के कारण होता है।

□

16

प्रगति : परिवर्तन

तरक्की करो, नहीं तो कुचले जाओगे, पिस जाओगे, मिट जाओगे। जो जातियाँ आगे नहीं बढ़तीं, वे मिट जाती हैं। जो सदा पीछे ही हटती हैं, जो नए मार्ग खोजना पाप समझती हैं, वे नष्ट हो जाती हैं।

✤✤

'बदलो या मर जाओ' प्रगति का यह गंभीर नारा है।

✤✤

इस विश्व में सारी गतियाँ चक्रों में होती हैं, सपाट रेखा में कोई गति नहीं होती।

✤✤

कुदरत का यह कानून है कि आप किसी स्थिति में जमे न रहो। आगे बढ़ो! आगे बढ़ो! आगे बढ़ो!

✤✤

प्रगति का नियम

जो मनुष्य या जातियाँ आगे बढ़ने से, उन्नति करने से इनकार

कर देते हैं, उन्हें कुदरत के उसूल या दैवी नियम चाबुक मारते हैं। यह नियम कभी नहीं टल सकता।

✤✤

प्रगति

संसार की हर एक प्रगति सौंदर्य की सम-रेखा में होती है; संसार का प्रत्येक विकास संतुलन और समन्वय में होता है।

✤✤

जड़ें

जो मनुष्य ऊपर बढ़ना चाहते हैं, संसार में फूलना-फलना चाहते हैं, उन्हें नीचे, अर्थात् भीतर अंतरात्मा में अपनी जड़ें बढ़ानी चाहिए।

✤✤

मृतक शव

एक मृतक के शव को लीजिए। विद्युत् से आप उसे सजीव सा कर सकते हैं, उसके होंठों में चेष्टा पैदा कर सकते हैं, उसकी बाँहें उठवा सकते हैं, उसे इस तरफ या उस तरफ झुकवा सकते हैं; परंतु इसका नाम जीवन नहीं है।

✤✤

नदी की नीति

हमेशा आगे बढ़ते रहने, अन्य पदार्थों को सदा अपने रूप में मिलाते रहने, हमेशा अपने को परिस्थितियों के अनुकूल ढालने तथा बराबर कार्य करते रहने की नदी की नीति पर अमल करो।

✤✤

पतित

जैसे इस धरती की दुनिया में नन्हे को बच्चा, बच्चे को तरुण, तरुण को युवा आदि अवस्थाएँ पार करनी होती हैं, वैसे ही नैतिक और आध्यात्मिक जगत् में भी शिशु इत्यादि अवस्थाओं को पार करना ही पड़ता है। जो लोग पापी कहे जाते हैं, वे मेरे ही नन्हे शिशु हैं और शिशु में क्या अपनी अनोखी शोभा नहीं होती? जिन्हें तुम भूल से पतित कहते हो, असल में उनका उत्थान नहीं हुआ।

आत्मोन्नति

अपने मन को ऐसा विशाल और उदार बनाना कि यह मन संपूर्ण जाति का मन हो—यही आत्मोन्नति है।

✤✤

गतिहीन

सरिता का झर-झर बहता पारदर्शी, ताजा, स्वच्छ, सुंदर, पान करने योग्य जल होता है—गतिहीन तालाब का पानी मलिन, गंदा, दुर्गंधयुक्त, सड़ा हुआ तथा घृणा योग्य।

□

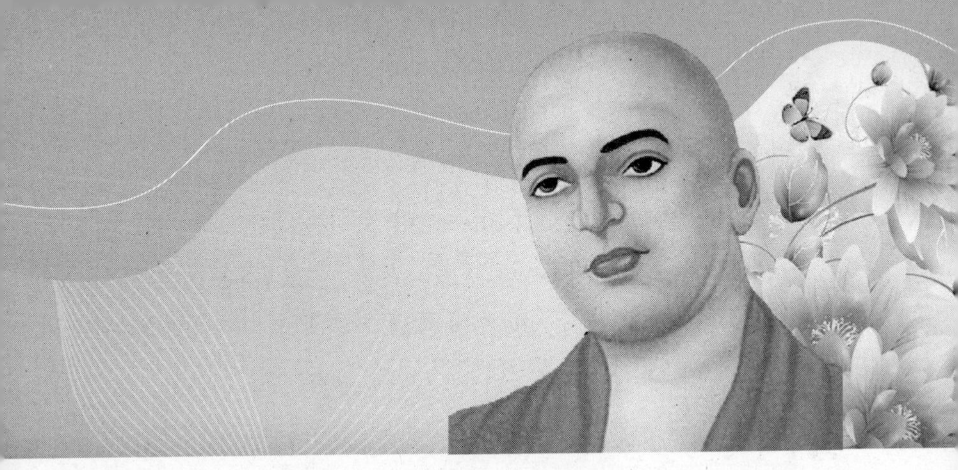

17

संयम : सहयोग : गुण-दर्शन

शासन करो

अपने संसार पर शासन करो, नहीं तो वह तुम पर शासन करेगा।

✤✤

मजा

मजे के पीछे भागने में कोई मजा नहीं। तुमने मजे को कल पर क्यों टाला हुआ है ? प्रकृति के सुंदर उद्यान में, सरिता के तट पर, सुंदर पर्वत-शिखरों के पास बैठकर अपने इन पुराने नजदीकी रिश्तेदारों की संगति का मजा क्यों नहीं लूटते ?

✤✤

सर्वप्रथम हृदय को वश में करो, फिर बुद्धि पर असर पड़ेगा।

✤✤

यदि आप भोगी हैं तो मुक्ति का रास्ता आप के लिए बंद है।

मन की शांति, संतोष और आराम के लिए चार रुपए या चार अरब रुपए में कुछ फर्क नहीं है। ये कार्य धन-दौलत से नहीं होते। धन-दौलत होते हुए भी कुछ लोग संतुष्ट हैं, शांत हैं तो इसका कारण धन नहीं है, वेदांत का व्यवहार है।

इंद्रियों को वश में रखो

हनुमान सबसे वीर क्यों थे? क्योंकि वे संयमी थे। कहा जाता है कि मेघनाद बड़ा युद्धवीर था। उसे वही व्यक्ति मार सकता था, जिसके मन में बारह वर्ष तक कोई गंदा विचार न आया हो। ऐसा व्यक्ति कौन था? यह लक्ष्मण था। भीष्म का नाम इसीलिए भीष्म पड़ा कि उन्होंने इंद्रियों को जीत लिया था। सर आइजक न्यूटन सदृश तत्त्व का खोजी, जिस पर इंग्लैंड को इतना गर्व है, सत्तासी बरस तक जिंदा रहा। मृत्यु के समय तक वह पूरे होश में था। उन्होंने इंद्रियों को जीता हुआ था। उनका जीवन बहुत पवित्र था। जिस तत्त्वज्ञानी ने दुनिया के तत्त्व-ज्ञान को बदल डाला, वह कौन था? वह कांट था। यह बड़ा संयमी था। इसके मन में अपवित्र विचार कदापि नहीं आया था। अमेरिका के हेनरी डेविड थोरो तथा जर्मनी के प्रसिद्ध तत्त्वज्ञानी हरबर्ट स्पेंसर—दोनों ने इंद्रियों को वश में किया हुआ था।

ब्रह्मचर्य

चाहे आप नए खयाल के हों या पुराने विचारों के, चाहे आपके ग्रंथों में उस पर जोर दिया गया हो या नहीं, सफलता के लिए पवित्रता तथा ब्रह्मचर्य की बेहद जरूरत है। यदि भारतीय अपनी रक्षा चाहते हैं तो ब्रह्मचर्य को सुरक्षित रखें। यह दीपक आपके सम्मुख जलता है; यह

क्यों जलता है ? इसके अंदर तेल भरा है। यह तेल बत्ती द्वारा चढ़ता है, ऊपर चलकर वह प्रकाश के रूप में बदल जाता है। यदि इसके तेल वाले हिस्से में कोई छेद हो जाए तो इससे प्रकाश प्रकट नहीं हो सकेगा। यही अवस्था आपकी है। यदि आपके भीतर का ओज नीचे नहीं गिरेगा, ऊपर चढ़कर दिमाग में पहुँचेगा, तो वह आध्यात्मिक प्रकाश के रूप में परिवर्तित हो जाएगा।

आचरण प्रथम धर्म है

यदि आचार श्रेष्ठ न हो तो विद्या वृथा ही नहीं, हानिकर भी है।

मौज-मजा

प्रकृति का एक कठोर नियम है, जो आपको निरंतर इंद्रिय-सुख और मौज-मजा लेने की अनुमति नहीं देता।

इलाज

जिस क्षण आप दुर्बल बनानेवाली इच्छाओं पर काबू पा लेते हैं, उसी क्षण आप अपने आधिभौतिक[1] रोगों से छुटकारा पा लेते हैं।

❖❖

निन्यानबे का फेर

निन्यानबे के फेर में कभी न पड़ो। इस फेर में पड़ा मनुष्य जितना ही पाता है, उतना ही और गरीब हो जाता है।

---

1. पृथ्वी, जल, तेज, वायु और आकाश—इनपंच महाभूतों के कारण होने वाले सांसारिक।

कामवासना

आपको अपनी कामवासना पर काबू पाना होगा। जो मूर्ख अपनी विषय-भोग की इच्छा को काबू में नहीं कर सकता और प्रकृति में सबसे गंभीर संबंध (सेक्स संबंध) को खेल समझ लेता है, वह नहीं जानता कि वह अपने रक्त को व्यर्थ बहा रहा है।

✤✤

सहकारिता

प्रतियोगिता से अधिक प्राचीन है सहकारिता।

✤✤

खींचो, धकेलो

जीवन के प्रत्येक द्वार पर लिखा है—'खींचो', परंतु हम प्राय: 'धकेलना' शुरू कर देते हैं।

✤✤

प्रलोभन

प्रलोभन हमारी परिश्रम करने की शक्ति के लिए सहायक होने की बजाय हानिकर होते हैं।

✤✤

जन-नेता

जिस मानव में जन-नेता बनने की योग्यता होती है, वह सहायकों की मूर्खता, अनुगामियों[1] की कृतघ्नता, जाति की अश्रद्धा, जनता की गुणग्राहकहीनता की शिकायत कभी नहीं करता।

✤✤

1. अनुयायी

अहंकार

व्यक्तिगत अहंकार को दूर भगाना ही नित्य जीवन का पुनरुत्थान है।

❖❖

दोष

अपने-आप पर की गई चोट को हमने 'दोष' नाम दे रखा है।

❖❖

घृणा

घृणा और ईर्ष्या केवल सहानुभूति के बिगड़े हुए रूप हैं।

❖❖

दोष-दृष्टि

जब आप दूसरों के दोष नहीं निकालते तो आप दूसरों पर इतनी कृपा नहीं करते, जितनी अपने पर करते हैं।

❖❖

दोष देखना

बुराइयाँ ढूँढना, आलोचना करने के नाम पर चीखना-चिल्लाना, इसी तरह की मूढ़ता है कि कमल का फूल पीपल के पेड़ में क्यों नहीं लगा?

❖❖

काला नाग

खुशी-खुशी चित्त में मोह आदि रखते हो। भैया! काले नाग को

गोद में दूध पिला-पिलाकर मत पालो।

✤✤

बुराइयों की जड़

तमाम बुराइयों की जड़ अज्ञान है, अपने भिन्न-भिन्न रूपों में अज्ञान।

✤✤

दोष रहित

मेरा यह निश्चय है कि किसी-न-किसी दोष से रहित तो मर्त्यलोक क्या, बैकुंठ का भी कोई स्थान नहीं है।

✤✤

हाथ और होंठ

मदद करनेवाले हाथ प्रार्थना करनेवाले होंठों से कहीं अच्छे हैं।

✤✤

झरना

जहाँ ताज़ा झरना है, लोग आप ही वहाँ पहुँच जाएँगे। झरने को लोगों की दमड़ी भर भी परवाह करने की आवश्यकता नहीं है।

✤✤

बड़ा बनना

छोटा बनना जितना आसान है, बड़ा बनना भी उतना ही आसान है। अधिक अच्छा बनते हुए, अपने आपसे आगे बढ़ना बड़ा बनने का उपाय है।

✤✤

अनुयायी

जिस क्षण ज्ञान, जीवन, पवित्रता और प्रेम के शुद्ध तथा ताजे झरने आपके अंत:करण से उमड़ने लगेंगे, तब लोग आपको स्वयं खोज निकालेंगे।

✤✤

ईंट

जो ईंट दीवार में लगने के लिए उपयुक्त हो, वह चाहे कहीं भी पड़ी हो, वहीं से उठा ली जाएगी।

✤✤

हृदय की मधुरता

अपने हृदय में मधुरता उत्पन्न करने की चिंता करो, ज्ञान के पूर्ण विकसित गुलाबों को अपने अंत:करण में पैदा करो, तब सब लोग आपके पास आ जाएँगे।

✤✤

सदाचारी

सदाचारी हाँ, केवल निर्मल सदाचारी को गौरव और सफलता प्राप्त होगी, दूसरा कोई इसे प्राप्त नहीं कर सकता।

✤✤

सुंदरता

सुंदरता को अपनी आकर्षकता सिद्ध करने के लिए किसी बाहरी सिफारिश की आवश्यकता नहीं है।

□

18

शिक्षा

अशिक्षा का कलंक

देखो, आपके प्रदेश में एक भी स्त्री या निर्धन पुरुष अशिक्षित न रह जाए। भारत माता के माथे से इस कलंक को मिटा दो।

शिक्षा का उद्‌देश्य

शिक्षा का उद्‌देश्य यह होना चाहिए कि हम अपने देश के साधनों का उचित उपयोग कर सकें।

शिक्षा का सच्चा उद्‌देश्य केवल यही नहीं है कि लोग सही काम करें, बल्कि यह भी है कि सही काम में प्रसन्नता का अनुभव करें। आप न केवल परिश्रमी बनें, बल्कि परिश्रम से प्यार करें।

उचित शिक्षा

उचित शिक्षा वही होगी, जो लोगों को ऐसा समर्थ बनाए कि वे जमीन को अधिक उपजाऊ बना सकें, खानों को अधिक उत्पादक बना सकें, व्यापार-व्यवसाय को पुष्पित-पल्लवित कर सकें, शरीर को अधिक क्रियाशील बना सकें, दिमाग को अधिक मौलिक बना सकें, हृदय को अधिक पवित्र बना सकें, दस्तकारियों और उद्योग-धंधों को अधिक विविध प्रकार का तथा उन्नत बना सकें तथा देश को अधिक संगठित बना सकें।

स्त्री शिक्षा क्यों आवश्यक?

स्त्री शिक्षा के बिना देश की उन्नति नहीं हो सकती। बचपन में बच्चों को जो उपदेश मिलता है, उसका अतिशीघ्र प्रभाव पड़ता है और वह प्रभाव कभी व्यर्थ नहीं जाता तथा बच्चों को माता के साथ ही रहने का अधिक मौका मिलता है। अत: बचपन में बच्चों को पढ़ी-लिखी माँ की अत्यंत आवश्यकता होती है।

अस्वाभाविक शिक्षक

अस्वाभाविक शिक्षकों द्वारा स्त्री-पुरुषों का स्वाभाविक विकास नष्ट कर दिया जाता है।

□

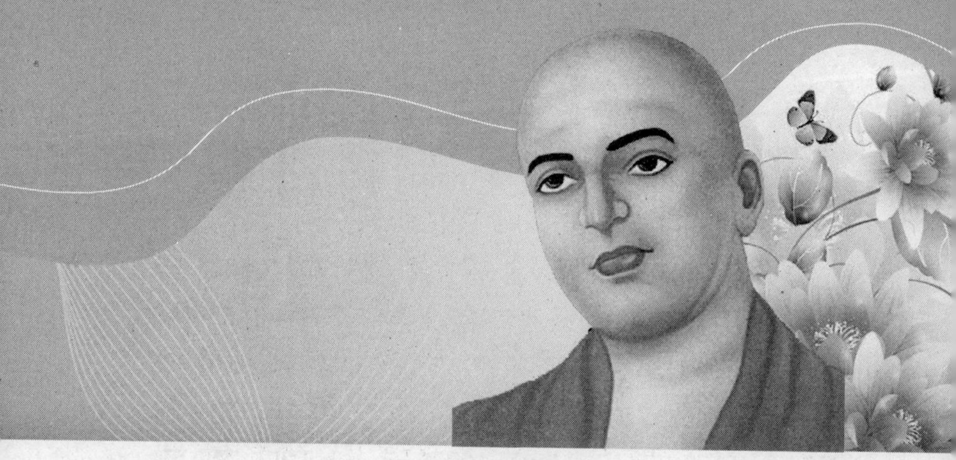

19

शक्ति

अखंड शक्ति का स्रोत

लोग राजसत्ता के पीछे दौड़ते फिरते हैं। यदि आप संपूर्ण राष्ट्र के साथ अभेद स्थापित कर लें तो कितनी अखंड शक्ति आपके हाथ में न आ जाएगी?

सबसे बड़ा पाप

दुर्बलता के सिवाय कोई पाप नहीं और इसका जन्म अज्ञान से होता है।

शारीरिक बल

हमारी शारीरिक निर्बलता ज्यों ही अपना रंग जमाती है, त्यों ही हम स्वर्ग से नीचे गिर पड़ते हैं।

अक्षय शक्ति

अक्षय शक्ति का एक पहलू है—ज्ञान और दूसरा पहलू है—शांति।

❖❖

शक्ति का मूल्य

निर्भीकता ही संपूर्ण शक्ति का मूल्य है।

□

20

विविध

दयालुता

अनेक संप्रदाय हैं, नाना पंथ।
अनेक मजहब हैं, नाना मत।
परंतु केवल दयालुता की कला ही वह वस्तु है,
जिसकी इस दुःखी संसार को आवश्यकता है।

❖❖

मौलिकता

मौलिकता का गुण नवीनता नहीं, बल्कि ईमानदारी है।

❖❖

आवश्यकता है

सुधारकों की—
उनकी नहीं, जो दूसरों को सुधारते हैं;
अपितु उनकी, जो अपने आपको सुधारना चाहते हैं।

उनकी नहीं, जिन्होंने यूनिवर्सिटियों की डिग्रियाँ पाई हैं;
बल्कि उनकी, जिन्होंने अपने आप पर विजय पाई है।
अवस्था—ब्रह्मानंद की जवानी।
वेतन—ईश्वरत्त्व।
जल्दी प्रार्थनापत्र भेजो—
जिसमें भिखारियों जैसी दीन याचना न हो;
अपितु हो जिसमें आदेश पूर्ण निश्चय—
विश्व के संचालक; अर्थात् अपने आपको।

✤✤

परोपकार का उपाय

उठो! उठो!! उठो!!! अपने आत्म-रूप में आसन जमाओ। अपने विराट् रूप के राजसिंहासन पर विराजमान हो जाओ, फिर आपके एक इशारे पर दुनिया के सारे काम पूरे होते चले जाएँगे। परोपकार का उपाय सिर्फ 'हा-हा-हू-हू' करना नहीं है, बल्कि सर्वश्रेष्ठ परोपकार अपनी आत्मा में लय होना है। जिस तरह विज्ञान के अनुसार हवा हलकी होकर जब ऊपर को उठती है तो अपनी पहली जगह छोड़ देती है, तब इधर-उधर की—चारों तरफ की भारी और ठंडी हवा, हलकी हवा का स्थान घेर लेती है। उसी तरह एक महात्मा के ब्रह्मलीन होने पर महात्मा द्वारा खाली किए हुए स्थान को घेरने के लिए लोग अपनी-अपनी श्रेणी से एक-एक श्रेणी अपने आप ऊपर उठते जाते हैं।

✤✤

भगवा रंग

वेदांतियों के भगवे रंग का तात्पर्य है—आग का रंग। गेरुआ रंग

साफ बताता है कि इन वस्त्रों को धारण करनेवाले मानव ने अपने शरीर का होम कर दिया है। अपनी देह को सच्चाई की बलिवेदी पर निछावर कर दिया है; सारी लौकिक आकांक्षाएँ भस्म कर दी हैं, जला डाली हैं। समस्त सांसारिक वासनाएँ, इच्छाएँ, कामनाएँ अग्नि को समर्पित कर दी हैं।

✤✤

राम का डंका

जब तक मानव के अंत:करण में राम का डंका नहीं बजता, तब तक उसे न उपासना ही रस देगी, न ज्ञान; न वेद का अर्थ आएगा, न उपनिषद् का।

✤✤

चौका-चूल्हा

अपनी सत्य आत्मा के सूर्य पर चौके-चूल्हे और तुच्छ अंधविश्वासों की आँधी और कलंक मत लगने दो।

✤✤

कोयल की कूक

कोयल की कुदरती कूक को स्थान, काल या कानून में नहीं बाँधा जा सकता। कोयल तभी गाएगी, जब उसकी इच्छा होगी। आप उसके पास पहुँचकर यह नहीं कह सकते कि 'कोयल, गाओ!'

✤✤

बुखार

बुखार होने पर राम बेचैन नहीं होता, मित्र की भाँति उसका स्वागत

करता है; क्योंकि उस समय आध्यात्मिक भावनाएँ चमक उठती हैं।

✤✤

राष्ट्र का पतन

बिना आध्यात्मिक पतन के किसी भी राष्ट्र का, किसी भी दृष्टिकोण से पतन नहीं हो सकता।

✤✤

सत्संग

सत्संग, उत्तम ग्रंथ और भजन कीर्तन—ये तीन चीजें हमें तीनों लोकों का राजा बना देती हैं।

✤✤

कुसंगति

हमारी कुसंगति परमेश्वर को हमसे कुपित करवा देती है, जिसके कारण हम पर नाना प्रकार के कष्ट आ जाते हैं।

✤✤

यज्ञ का तात्पर्य

संक्षेप में यज्ञ का तात्पर्य है, सक्रिय व्यवहार में अपने पड़ोसी को 'आत्म' समझना, अपने को सर्व से अभिन्न समझना, अपने परिच्छिन्न व्यक्तित्व को भुलाकर सर्व में आत्म को देखना, स्वार्थ की बलि चढ़ाना और सर्वात्मा का उदय।

✤✤

मतभेद में सहमति

मैं प्रत्येक व्यक्ति के साथ मतभेद रखने के लिए सहमत हूँ। आइए मतभेद में सहमति का आनंद लीजिए।

✤✤

भिन्नता, विषमता

धन-संपत्ति के आधार पर मानी गई हर प्रकार की भिन्नता और विषमता उसी प्रकार प्रकृति-विरुद्ध है, जैसे पहने हुए जूतों के आधार पर मनुष्यों का वर्गीकरण।

✤✤

बीसवीं शताब्दी

बीसवीं सदी में वह दिन बहुत दूर नहीं, जब प्रगतिशील देशों को अवश्य ही अपने शासन के ढंग में तथा जीवन-विधि में परिवर्तन करना होगा और उसे स्वतंत्रता अर्थात् वेदांत के ढाँचे में ढालना होगा।

✤✤

इतिहास

वह इतिहास-लेखक अपनी बड़ी हानि करता है, जो किसी घटना के कारणों का अध्ययन करते हुए आंतरिक कारणों की ओर ध्यान नहीं देता।

✤✤

माताएँ

माताएँ ही विश्व को ऊँचा उठा सकती हैं। माताएँ ही देश को

उठा या गिरा सकती हैं। माताएँ ही प्रकृति के प्रवाह में ज्वार-भाटा ला सकती हैं।

✤✤

पड़ोस

आपका वर्तमान पड़ोस आपकी ही रचना है। संबंधों के छोटे से संसार को आपकी ही कारीगरी ने बनाया है। आपका भविष्य आपकी ही रचना होगा।

✤✤

माता

माता का जीवन एक मूक प्रार्थना है, उसका शरीर पवित्र परमेश्वर का मंदिर है।

✤✤

बहस

बहस करके, भेदभाव मिटाने की चेष्टा से फूट, असंतोष तथा बेचैनी पैदा होती है।

✤✤

बदला

बदला लेने का भाव विश्वास-रहित नास्तिकपन है।

✤✤

महान्

जो कुछ भी महान् है, वह अंत:करण की गहराइयों से निकलकर आता है।

✤✤

शुद्ध अंतःकरण

अभ्यास करनेवाले तथा शुद्ध अंत:करणवाले मानवों का मिलन अत्यंत श्रेष्ठ कर्मों का फल होता है।

✤✤

क्षमा

क्षमा साधुओं का भूषण होता है।

✤✤

चोर, गुरु

जो आपका सामान चुराए, वह चोर है; जो आपसे 'वस्तुओं पर अधिकार का विचार' हरण करे, वह गुरु है।

✤✤

समाचार-पत्र

वे धन्य हैं, जो कभी समाचार-पत्र नहीं पढ़ते, क्योंकि वे प्रकृति को देखेंगे तथा उसके द्वारा ईश्वर के दर्शन प्राप्त करेंगे।

✤✤

जीवन खोना

जो अपने जीवन को बचाता फिरता है, वह उसे खो देगा।

✤✤

भोजन

उन व्यक्तियों द्वारा मांसपेशियों का या मस्तिष्क का काम किए जाने की आशा करना मूर्खता है, जो मांसपेशियों या मस्तिष्क को बल

प्रदान करनेवाला भोजन नहीं करते।

✤✤

मेदा

यदि हमारा आमाशय (मेदा) ठीक नीरोगावस्था में हो तो हमें अत्यंत आनंद, शांति, एकाग्रता, ईश्वर-स्मरण और अंत:करण की शुद्धि प्राप्त होती है। बुद्धि और स्मरण-शक्ति का बल तीव्र हो जाता है।

✤✤

समयाभाव

राम को यह देखकर हँसी आती है कि लोग जीवन भर तो समय की हत्या करते रहते हैं, इस पर भी समय के अभाव की शिकायत किया करते हैं।

✤✤

अनासक्ति

यदि आप प्रसिद्धि की इच्छा से जुड़े हुए हैं तो उसे अलग कर दीजिए। यहाँ तक कि यदि आप संसार की सहायता करने की इच्छा से जुड़े हुए हैं, तो उसे भी दूर कर दीजिए। संसार इतना गरीब नहीं है कि हर समय तुमसे सहायता माँगता रहे।

स्वतंत्रता के नाम पर जो रक्तपात किया जाता है, जो कत्लेआम होता है, उसे देखकर पृथ्वी भी लज्जा से लाल हो जाती है।

✤✤

मधुमक्खी

धीरे-धीरे, किंतु दृढता से जिस तरह मधु में फँसी मक्खी अपनी

टाँगें मधु से निकाल लेती है, उसी तरह रूप तथा व्यक्तिगत आसक्ति के एक-एक कण से हमें छुटकारा पाना होगा।

✤✤

माया का परदा

ये बाहरी प्रिय-अप्रिय, मधुर-कटु रस, प्रतीत होनेवाले सौंदर्य केवल माया का परदा है, जिन्हें नटनागर ने हमारे नयनों को अपनी महिमा दिखलाने के लिए अपने चेहरे पर डाल रखा है।

✤✤

पेट की सफाई

पेट की सफाई से न केवल सर्दी, खाँसी, जुकाम, बुखार, मधुमेह आदि रोग दूर होते हैं, बल्कि इससे ईर्ष्या, सुस्ती, क्रोध और दुर्बलता आदि तथा अपवित्र विचार भी दूर होते हैं।

✤✤

आदेश और सेवा

मूर्ख उपदेशको! धर्म का ढोंग रचनेवालो! दूर रहो। तुम्हें बच्चों को आदेश देने का कोई अधिकार नहीं। यदि किसी को कुछ अधिकार है तो केवल सेवा करने का अधिकार है।

✤✤

बुद्धिमत्ता और विद्वत्ता

बुद्धिमत्ता और विद्वत्ता एक समान नहीं हैं। उन दोनों का सदा आपस में मेल भी नहीं होता। विद्वत्ता पीछे की ओर—भूतकाल की ओर देखती है, बुद्धिमत्ता आगे की ओर, भविष्य की ओर।

✤✤

बुद्धिमत्ता और गुण

गुणों के बिना बुद्धिमत्ता व्यर्थ है।

✤✤

क्रांति

क्रांति एक सर्जिकल ऑपरेशन है, जो कैंसर की जड़ों को छूता तक नहीं।

✤✤

एकांत

मैंने एकांत के समान संगति करने योग्य साथी नहीं देखा।

✤✤

धन-संपत्ति

अपने जीवन को सुरक्षित बनाने की धुन में सोने और चाँदी की खुशामद करते हुए अपने जीवन को बेकार मत गँवाओ।

✤✤

संन्यास

सबके लिए संन्यास ठीक नहीं और संन्यास का संसार में न होना भी ठीक नहीं।

✤✤

ऊँचा जीवन

नीचता का जीवन छोड़ दो तो ऊँचा जीवन आप ही मिल जाएगा।

✤✤

मन-वाणी की एकता

सैंकड़ों प्राण उस पर कुरबान, जिसका मन और वाणी एक हैं।

✤✤

बुद्धिमत्ता

एक श्रेणी के व्यक्ति स्वभाव से ही दूसरी श्रेणी के व्यक्तियों को मूर्ख समझते हैं।

✤✤

सुधार

पहले अपने को सुधारो, फिर बाकी सब अपने आप ठीक हो जाएगा।

✤✤

शांति और सद्‌भाव

शांति तथा श्रेष्ठ भावना रूपी निर्मल ताजे जल की धारा बहाओ तो सारी गंदगी आपसे आप धुल जाएगी।

✤✤

बुद्धिमत्ता

अध्ययन बीते समय की ओर देखता है, बुद्धिमत्ता भविष्य की ओर।

✤✤

उपदेश

केवल वही अपने को ऊँचा उठा सकता है या उन्नति कर सकता है, जो अपने को स्वयं उपदेश दे सकता है।

✤✤

अन्न

मनुष्य-जीवन केवल अन्न के अधीन नहीं है।

❖❖

धूल

धूल धन है, लेकिन गलत जगह पड़ा है।

❖❖

नाम-भ्रम

नामों के भ्रम में न उलझो, नामों के धोखे में न पड़ो, प्रत्येक वस्तु की जाँच-परख करके देखो कि वह काम की है या नहीं।

❖❖

नई चीजें

नई चीजें भी सदा सबसे उत्तम नहीं हुआ करतीं; क्योंकि वे समय की कसौटी पर नहीं कसी गईं।

❖❖

स्वामी

वास्तव में तुम अपने स्वामी आप हो। आपने खुद अपने लिए पद चुने, सेवा अर्पित की, अपने शासक बनाए।

❖❖

दल

जो दल या पार्टी आत्म-त्याग तथा निस्स्वार्थ निष्ठा प्रकट करे, वह अनिवार्यत: हमें मुग्ध तथा आकर्षित करती है।

❖❖

पेड़

जो पेड़ पास-पास उगते हैं, वे बहुत दुर्बल होते हैं। यदि आप उनके उगने की मूल भूमि (क्यारी) से उखाड़कर उन्हें दूसरी जगह लगा दें तो वे विराट् वृक्ष का रूप धारण कर लेते हैं।

✤✤

मिलकियत

धन-संपत्ति का कानूनी स्वामित्व एक निषेधात्मक शक्ति है, जिसके द्वारा दूसरों को किसी वस्तु के प्रयोग से रोका जाता है।

✤✤

सुशासन

संचालन (सुव्यवस्था) द्वारा समाज को बचाया जा सकता है, दूर भागने से नहीं।

✤✤

पड़ोसी

हम सबसे निकट के पड़ोसी से विश्वासघात करते हैं और दूरवाले पड़ोसी के लिए सच्चे बनने का प्रयत्न करते हैं। देवता मन-ही-मन हम पर हँसते हैं।

✤✤

प्रथम उत्थान

प्रसन्नता से भरा वातावरण, सुंदर प्राकृतिक दृश्य कभी-कभी मन के प्रथम उत्थान के लिए बड़े भारी सहायक होते हैं।

✤✤

मन

हमारी देह जहाँ रहती है, वहाँ हम नहीं रहते। हम तो वहाँ रहते हैं, जहाँ हमारे मन रहते हैं।

✤✤

भोग-विलास

भोग–विलास में ही जीवन के अध:पतन की दशा मिलती है।

✤✤

लाभ-हानि

रुपयों के रूप में जो लाभ होता है, वह समय की हानि के रूप में नुकसान बन जाता है। इससे मनुष्य धन की दृष्टि से धनी, किंतु जीवन की दृष्टि से गरीब बन जाता है।

✤✤

वरदान

अनुपस्थित वस्तुओं को माँगने का अर्थ है कि आप प्राप्त वरदानों के लिए कृतज्ञ नहीं हैं।

✤✤

सफाई

क्या तुम्हें अपने शरीर को प्रतिदिन धोने की जरूरत नहीं होती? क्या तुम्हें अपने घर को हर रोज साफ करने की जरूरत नहीं होती? इसी प्रकार आपको अपने मन की भी सफाई तथा पुताई की जरूरत है।

✤✤

अज्ञान

प्रारब्ध[1] और काल प्रत्येक व्यक्ति के हाथ-बाँधे गुलाम हैं। इसमें संशय करना ही अज्ञान है।

❖❖

सूर्य

सूर्य का जहाँ प्रकाश है, वहाँ एक दीपक रखा गया तो क्या और न रखा गया तो क्या?

❖❖

समुद्र

समुद्र में एक नदी और आ पड़े तो कुछ अधिकता नहीं हो जाती और यदि कोई नदी न गिरे तो कुछ न्यूनता नहीं आ जाती।

❖❖

परदा

जब परदा बहुत बारीक हो जाता है, तब भले ही वह परे न हटाया जाए, वह हमारी दृष्टि के पथ में बाधा नहीं बनता।

❖❖

महल या कैदखाना

अज्ञानी लोग अपने वास्तविक स्वरूप को न समझने के कारण अहंभाव और स्वार्थ-भावना के वशीभूत होकर अपने महल इस प्रकार से बनाते हैं, जो कैदखाने, कब्र और नरक से भी निकृष्ट होते हैं।

❖❖

---

1. दैव, भाग्य

सार्वलौकिक नियम

इस संसार में चक्र के अंदर चक्र है, प्रत्येक वस्तु चक्र में है और चरमसीमा पर पहुँचकर प्रत्येक घटना अपनी पुनरावृत्ति करती है। यह सार्वभौम[1] नियम है, जो समस्त विश्व में व्याप्त है।

❖❖

यही समय

यही समय है कि आप परिच्छिन्न[2] व्यक्तित्व के ईश्वर से छुटकारा पाकर परमेश्वर में लीन हों तथा धार्मिक स्वतंत्रता प्राप्त करने की संपूर्ण शक्ति प्राप्त करें।

❖❖

सँड़सी

सँड़सी किसी भी वस्तु को पकड़ सकती है; परंतु वह घूमकर उन उँगलियों को कैसे पकड़ सकती है, जो उसे चलाती हैं? इसी प्रकार मन तथा बुद्धि उस अज्ञान को कैसे जान सकते हैं, जोकि उनका मूल स्रोत है।

❖❖

कुछ नहीं

यदि 'कुछ नहीं' (शून्य) को भी ठीक स्थान पर (अंक के दाईं ओर) रखा जाए तो मूल्य दस गुना बढ़ जाता है।

❖❖

1. समस्त संसार पर लागू होने वाला।
2. औरों से अलग।

माला

एक माला में एक मनके में हजार मालाओं का प्रभाव हो सकता है, परंतु सच्चे दिल से माला जपी जाए तब तो!

सुधार

आप दूसरों का सुधार करना चाहते हैं? इसके लिए सर्वप्रथम आवश्यक है, निश्चित, प्रसन्नता से भरा, आशापूर्ण, प्रीति भरा, उत्साह बढ़ानेवाला दृष्टिकोण।

समाजवाद

यदि समाजवाद प्रत्येक स्त्री तथा पुरुष को पूर्ण स्वतंत्रता की अनुमति दे देता है तो मनुष्य समाज पशुत्व में परिवर्तित हो जाएगा—उच्छृंखल हो जाएगा।

विवाह

ऐनक से हम पदार्थों को देखते हैं, वह हमारी दृष्टि में बाधक नहीं बनती, बल्कि सहायक बनती है। पति-पत्नी में भी इसी प्रकार का संबंध होना चाहिए।

कपट

यदि तुम स्वार्थ-भावना तथा कपट की आशा करते हो तो तुम

निराश नहीं हो। चारों तरफ से स्वार्थपरायणता तथा कपट तुम्हारे सम्मुख आएगा।

❖❖

तुरंत फल

लोग तीव्र उत्सुकता रखते हैं कि उन्होंने जो पेड़ बोए हैं, वे उनके सामने ही फूलें-फलें, ताकि वे उनके फल चख सकें; इससे उन लोगों की श्रद्धाहीनता तथा स्वार्थ-भावना प्रकट होती है।

❖❖

प्रार्थना

प्रार्थना दो वस्तुओं को एक कर देती है—ईश्वरेच्छा तथा मनुष्य की इच्छा।

❖❖

तीर्थ

लोग तीर्थों पर आया करते हैं। तीर्थ कभी चलकर लोगों के पास नहीं जाते।

❖❖

भेद-उपासना

शुद्ध अंत:करणवालों से भेद-उपासना कभी हो ही नहीं सकती, जैसे एम.ए. के विद्यार्थी का मन मिडिल क्लास की पुस्तकों में कभी नहीं लग सकता।

❖❖

चमत्कार

लोहा तलवार के चमत्कार को क्या माने? वे तो उसी के तेज के जौहर हैं।

❖❖

पापों का कारण

पापों का कारण अज्ञान है। पापों को दूर करने का यही उपाय है कि सारे देशों में फैले अज्ञान को दूर किया जाए।

❖❖

यज्ञ

हमारे सम्मुख समस्या यह है कि यज्ञ को उचित विधि से किस प्रकार संपन्न किया जाए, गरीबों की सेवा करना और उनकी रक्षा करना ही यज्ञ की उचित विधि है।

❖❖

जीवन-चरित

प्रत्येक साधारण मनुष्य के जीवन-चरित से भी हमें लाभ पहुँचता है, यदि हम उसका ठीक-ठीक अध्ययन करें।

❖❖

खान-पान

प्रकट है कि खान-पान के प्रश्न ने हिंदुओं में इतना अनावश्यक स्थान पा लिया कि कुछ लोगों ने हिंदू-धर्म का उपनाम ही 'चौका-चूल्हा धर्म' रख दिया। इससे हमारी शक्तियाँ पथभ्रष्ट हुई हैं और उनका भारी अपव्यय हुआ है।

❖❖

गंगा

गंगा क्या है ? विराट् प्रवाहमय परमात्मा का हृदय।

✤✤

फूल और भँवरे

फूल जहाँ खुद खिल पड़ा, भँवरे आप ही उधर खिंचकर चल देते हैं, जिस देश में धर्म और ईश्वर का नाम प्रकाशमान हो जाता है, धन-संपदा स्वयं उस देश में खिंची चली आती है।

✤✤

संशय

जिस देश में भ्रम व अविश्वास का प्रसार हो जाता है, जहाँ संशय घर कर लेता है, वह देश नष्ट हो जाता है।

□

21

अवतरण

कर्मठता

दीपक कहता है कि अपने को बचाते ही तुम तुरंत बुझ जाओगे। यदि तुमने अपनी देह के लिए विश्राम की इच्छा की, यदि भोग-विलास एवं इंद्रिय-सुख में समय का नाश किया तो तुम्हारा कल्याण नहीं। दूसरे शब्दों में, अकर्मण्यता तुम्हें मौत के मुँह में धकेल देगी। केवल कर्मठता ही जीवन है।

तालाब और नदी

तालाब निश्चल है। नदी प्रवहमान है। नदी का 'झर-झर, हर-हर' बहता स्फटिक समान पारदर्शी जल सदा ताजा, स्वच्छ एवं पीने योग्य होता है। किंतु निश्चल तालाब का पानी कैसा मलिन, दुर्गंधमय, सड़ाँध भरा तथा घृणा योग्य होता है।

बीज और महावृक्ष

जो बीज महावृक्ष के रूप में परिणत होना चाहता है, उसे अवश्य अपने को मिटाना होगा, पूर्ण सफलता के लिए यह अनिवार्य शर्त है। कार्य करते हुए अपने तुच्छ अहं को भुला दो और मन-प्राण से कार्य में लीन हो जाओ तो तुम अवश्य सफल हो। यदि तुम कार्य कर रहे हो तो स्वयं कार्य-रूप बन जाओ, केवल इसी ढंग से तुम सफल हो सकते हो।

व्यक्ति और व्यक्तिगत स्वार्थ

यदि हाथ जीना चाहता है तो उसे अवश्य ही शरीर के अन्य अंगों से प्यार करना होगा। यदि वह अपने को औरों से अलग कर ले और सोचने लगे कि 'मेरी कमाई खाने का सारे शरीर को क्या अधिकार हैं', तो हाथ की रक्षा का कोई उपाय नहीं—उसे मर जाना होगा।

व्यापारी और ग्राहक

जो व्यापारी अपने ग्राहक के हित को अपना हित नहीं समझता, वह सफल नहीं हो सकता। यदि वह धन-संपन्न बनना, फलना-फूलना चाहता है तो उसे अवश्य ही अपने ग्राहकों से प्रेम करना होगा। उसे ग्राहकों को अपने हृदय में स्थान देना होगा।

कर्म और फल

अपने श्रम के फल के प्रति उत्सुकता न रखिए। भविष्य की चिंता मत कीजिए। अतीत के लिए विषाद मत कीजिए। कार्य को कार्य के

उद्देश्य से कीजिए। कार्य स्वयं अपने आप में पुरस्कार है।

✤✤

सफलता और फल की चिंता

ज्योंही आप सफलता की इच्छा की ओर से पीठ फेर लेते हैं, त्योंही आप फल की चिंता त्याग देते हैं। ज्यों ही आप अपने सम्मुख उपस्थित कर्तव्य पर अपनी समस्त उद्योग-शक्ति केंद्रित कर देते हैं, त्योंही सफलता आपके पीछे-पीछे चल पड़ती है। वह आपके पीछे-पीछे दौड़ने लगती है।

✤✤

निर्भयता और शक्ति

निर्भयता द्वारा एक ही दृष्टि से सिंहों को वश में किया जा सकता है। एक ही निर्भय दृष्टि से शत्रुओं को शांत किया जा सकता है। निर्भयता के एक ही प्रहार से विजय प्राप्त की जा सकती है।

✤✤

कबूतर और बिल्ली

कबूतर बिल्ली के सामने किस प्रकार अपनी आँखें मूँद लेता है, शायद आपने देखा होगा। शायद वह समझता है कि बिल्ली उसे नहीं देख रही; क्योंकि वह बिल्ली को नहीं देख रहा। इसके बाद क्या होता है ? कबूतर पर बिल्ली झपट्टा मारती है और उसे खा जाती है। निर्भयता से बाघ को भी पालतू बनाया जा सकता है और भयभीत व्यक्ति को बिल्ली खा जाती है।

✤✤

दासता और स्वाधीनता

एक दास भी इसीलिए दास है कि वह दास होने को स्वतंत्र है। स्वतंत्रता के कारण ही हम सुखी होते हैं, स्वतंत्रता के लिए ही हम कष्ट सहन करते हैं तथा हमारी स्वाधीनता ही हमें दास बनाती है। तब हम क्यों रोते और विलाप करते हैं ? क्यों न हम अपनी सामाजिक तथा शारीरिक स्वाधीनता के लिए अपनी स्वतंत्रता का उपयोग करें ?

विश्वास और परीक्षण

यह बीसवीं सदी है और नामों से ऊपर उठने का यही सर्वोत्तम समय है। कोई अन्य व्यक्ति आपसे जो कुछ कहता है—उसकी योग्यता तथा सत्यता की परख करके उसे अपनाइए। नामों के कारण गुमराह होने की आवश्यकता नहीं। प्रत्येक वस्तु का परीक्षण तथा विश्लेषण कीजिए, जाँचिए कि वह उपयोगी है या नहीं।

लगातार काम और सफलता

चोट लगाओ, चोट पर चोट लगाओ—सफलता का यह पहला सिद्धांत है। काम किए बिना आप कभी सफल नहीं हो सकते। जीवन के संघर्ष में आलसी मनुष्य अवश्य नष्ट हो जाएगा, वह जीवित नहीं रह सकता, उसे मरना होगा।

कर्तापन और अभिमान

सबसे श्रेष्ठ कार्यकर्ता जब अपने कर्म के शिखर पर होता है, जब वह अपना सर्वोत्तम कार्य कर रहा होता है, उस पर ध्यान दीजिए।

दूसरों की दृष्टि में वह घोर श्रमपूर्ण प्रयत्न में लगा हुआ होता है; परंतु आप उसी के दृष्टिकोण से उसकी परीक्षा करके देखिए—वह कर्तापन के अभिमान से रहित होता है।

❖❖

कार्य और 'अहं' भाव

आप अपने तुच्छ 'अहं' से ऊपर उठें, निरंतर कार्य करते-करते अहं को उस कार्य में विलीन कर दें। आप शरीर तथा मन को इस कोटि तक विलीन कर दें कि आपको श्रम के कारण होनेवाली थकावट का जरा भी अनुभव न हो।

❖❖

सफलता और तन-मन की बलि

यदि आप सफलता की कामना करते हैं, यदि आप धन-संपत्ति पाने की इच्छा रखते हैं तो आपको अपने कार्यों से, अपने जीवन की दिनचर्या से, अपने ही शरीर, नस-नाड़ियों तथा मांसपेशियों की आहुति देनी होगी, उन्हें उपयोग की आग में जलाना होगा। आपको अवश्य ही उन्हें प्रयोग में लाना होगा। आपको अवश्य ही अपने शरीर तथा मन को झोंकना होगा। उन्हें प्रज्वलित स्थिति में रखना होगा। आपको अपने तन-मन की आहुति देनी होगी, उनकी बलि देनी होगी। लगातार काम करते हुए आपको अपने तन और मन न्योछावर करने होंगे।

❖❖

कार्य और तन्मयता

कार्य क्या है? अपने शरीर तथा मन को मिथ्या मानने अथवा अपनी ही चेतना की दृष्टि से उन्हें शून्य की स्थिति तक विलीन कर

देने के सिवा और कुछ नहीं। शरीर और मन की स्थिति से ऊँचे उठने का नाम ही कर्म है।

❖❖

उत्तम कार्य और श्रेष्ठतर शक्ति

आप में कोई ऐसी श्रेष्ठतर शक्ति है, जो आपकी संपूर्ण कार्यशक्ति को अत्यंत उपयोगी बना देती है। यदि आप उस श्रेष्ठतर मनोवृत्ति से लाभ उठाएँ तो आप सदा अपने को उच्चतर कार्यावस्था[1] में रख सकते हैं तथा आपके हाथ द्वारा किया गया काम सर्वांग पूर्ण तथा सुंदर हो सकता है।

❖❖

नदी और कर्तव्य-शिक्षा

नदी कहती है—परिणाम तथा फल मेरे लिए तुच्छ हैं। सफलता-असफलता मेरे लिए तुच्छ हैं, मैं तो कर्म करूँगी; क्योंकि कर्म मुझे प्रिय है। मैं तो कर्म के लिए ही काम करूँगी। कर्म ही मेरा लक्ष्य है, कर्मठता ही मेरा जीवन है। उद्यम और उद्योग ही मेरे प्राण तथा मेरी आत्मा हैं। मुझे कर्म करना ही पड़ेगा।

❖❖

तालाब की संकीर्ण नीति

कंजूस तथा तंगदिल तालाब तीन-चार महीने बाद सूख गया। वह दुर्गंधमय, चेष्टा रहित, सड़े हुए कूड़े-कचरे से पूर्ण हो गया। परंतु नदी नित्य नए जल की धारा के प्रवाह से निर्मल बनी रही। उसके अमर स्रोत सूखने नहीं पाए।

❖❖

उत्कंठा और व्याकुलता का त्याग

काम के लिए ही काम करो। इस प्रकार आपको फल की कामना से छुटकारा पाना होगा। उत्कंठा तथा व्याकुलता से आपको मुक्ति पानी होगी। हर प्रकार की बेचैन करनेवाली वासनाओं और लालसाओं का इलाज यही है कि आप काम में जुट जाएँ।

✤✤

झरना और चाँद

यदि कहीं ताजे पानी का झरना है तो लोग आप ही वहाँ पहुँच जाएँगे। झरने को रत्ती भर परवाह नहीं कि वह लोगों को बुलाए। जिस समय चाँद उदय होगा, उस समय लोग चाँदनी का आनंद लेने के लिए अपने आप बाहर निकल आएँगे।

✤✤

इच्छा और प्रत्यंचा

ज्योंही आप इच्छा का त्याग कर देते हैं, त्योंही वह पूर्ण होती है। बाण कैसे छोड़े जाते हैं? हम धनुष को लेकर झुकाते हैं। जब तक हम प्रत्यंचा (डोरी) को खींचते रहते हैं, तब तक बाण शत्रु तक नहीं पहुँचता। आप चाहे उसे कितने जोर से खींचें, बाण आपके पास ही रहेगा; परंतु ज्योंही आप डोरी को छोड़ देंगे त्योंही बाण सनसनाता हुआ उड़ता जाएगा और आपके शत्रु की छाती को बींध देगा।

✤✤

हाथ और शरीर

संपूर्ण विश्व एक शरीर है। आपका शरीर हाथ की भाँति उस विराट् शरीर का एक अंग है अथवा केवल एक उँगली या नाखून के

समान है। यदि आप सफल होना चाहते हैं तो आपको अपनी आत्मा सकल विश्व की आत्मा से भिन्न नहीं समझनी चाहिए। हाथ के पुष्ट एवं बलवान् होने के लिए यह आवश्यक है कि वह संपूर्ण शरीर के हितों और व्यक्तिगत हितों में अभेद का अनुभव करे।

✤✤

भेदभाव और दुःख

विच्छिन्नता एवं भिन्नता की दलदल में जब आप धँसते हैं, तब आप सुख के अभाव, विषाद तथा वेदना में डूबते हैं और जब आप अपने को सबमें तथा सबको अपने में अनुभव करते हैं, तब आप 'पूर्ण' तथा 'सर्व' बन जाते हैं।

✤✤

प्रकृति की अनुकूलता

यह सच्चाई है कि जब तक आप पूर्णतया प्रकृति के अनुकूल रहेंगे या जब तक आपका चित्त संपूर्ण विश्व से एकरस रहेगा, जब तक आप प्रत्येक व्यक्ति से अपना अभेद अनुभव करेंगे, तब तक सब प्रकार की परिस्थितियाँ तथा आस पास की वस्तुएँ, पवन तथा लहरें भी आपके पक्ष और हित में रहेंगी; किंतु ज्योंही आपकी 'सर्व' से विच्छिन्नता (पृथकता) होगी, उसी क्षण आपके इष्टमित्र तथा संबंधी भी आपके विरुद्ध हो जाएँगे। तब तुरंत ही आप समस्त विश्व को अपने विरुद्ध सशस्त्र खड़ा कर लेंगे। प्रेम के इस दिव्य नियम को समझ लीजिए, हृदय में धारण कीजिए, इस पर आचरण कीजिए, इसे अमल में लाइए। सफलता का सजीव सिद्धांत है—प्रेम।

✤✤

क्षुद्र विचार और शोक

जिस समय हम शरीर अथवा अल्प आत्म (व्यक्ति) की प्रबल कामनाओं के स्तर पर उतर जाते हैं, उसी समय हम कुद्ध, खिन्न, प्रसन्नता रहित, मलिन, दुःखी और शोकातुर हो जाते हैं। इसी प्रकार की अवस्था से हमारे मन की स्थिरता नष्ट हो जाती है। हमारा पेट की ओर ध्यान तभी जाता है, जब वह बीमार होता है। हमारा नासिका की ओर तभी ध्यान जाता है, जब सर्दी लगती है या जुकाम होता है। बाँह की ओर तभी ध्यान जाता है, जब दर्द होता है। इसी प्रकार जब हमारा आध्यात्मिक संतुलन बिगड़ जाता है, तभी हममें व्यक्तिगत प्रेम का अहंकार जाग्रत् होता है। तब समस्त विश्व से विच्छिन्न इस शरीर की ओर हमारा ध्यान जाता है।

कर्तव्य-पालन और सफलता

क्या आप अपने कर्तव्य का विधिपूर्वक निर्वाह करते हैं ? यदि आप अपना धर्म-पालन करते हैं तो आपको बाहरी सहायता पर निर्भर रहने तथा दूसरों के आसरे रहने की आवश्यकता नहीं है। सहायता आपको अवश्य ही प्राप्त होगी, वह स्वयं उत्सुक है, बल्कि आने के लिए मजबूर (विवश) है।

कर्तव्य-पालन और जल्दबाजी

'कर्तव्य' का नाम सुनते ही बहुत से लोगों का रंग पीला पड़ जाता है। 'कर्तव्य' शब्द उन्हें हौआ प्रतीत होता है। वह उन्हें कूटता, पीटता और बेचैन कर देता है। वह प्रतिपल उनके सिर पर सवार रहता है। इस तरह के जल्दबाजी के गुलाम, नहीं-नहीं, कर्तव्य के यंत्र अपनी शक्ति क्षीण कर लेते हैं, जल्दबाजी में वे अपनी शक्ति खो

बैठते हैं। कर्तव्य की भावना को अपने मस्तिष्क का संतुलन मत नष्ट करने दीजिए। स्मरण रखिए कि सब प्रकार के कर्तव्य अंत में आपने स्वयं अपने ऊपर लादे हुए हैं।

✤✤

चोर और प्रकाश

जिस घर की रक्षा न की जा रही हो, चोर वहीं सेंध लगाते हैं। यदि घर में निरंतर प्रकाश रहे तो चोर उस घर में घुसने का भी साहस नहीं करते। सत्य की ज्योति अपने अंतःकरण में जगमगाते रखेंगे, तो भय या लोभ के राक्षस आपके पास नहीं फटकेंगे।

✤✤

श्रम में भगवान्

जब आप हर एक प्रकार का श्रम करने के लिए हाथ बढ़ाते हैं तो ऊँची-से-ऊँची पदवी तथा श्रेष्ठ-से-श्रेष्ठ व्यवसाय हाथ खोलकर आपसे मिलने के लिए ललचाने लगते हैं। यही कुदरत का कानून है, यही नियम है। यदि आप ईश्वर से मिलने में संकुचित नहीं होते हैं, जो कि श्रम में निवास करता है तो ईश्वर भी नम्रता में पीछे नहीं रहेगा। तब आपके अंदर से महाज्योति प्रकट होगी। लोगों द्वारा की गई निंदा या स्तुति की चिंता मत कीजिए। आपका नंदनवन आपके अपने अंतःकरण में है।

✤✤

घोड़ा और चाबुक

जिस प्रकार एक गाड़ी में घोड़ा जोता जाता है, उसका काम है कि गाड़ी को खींचे तथा आगे ले जाए। यदि वह घोड़ा आगे न चले

तो कोचवान उस पर चाबुक का प्रहार करता है, ठीक यही अवस्था व्यक्तियों तथा जातियों की है।

✤✤

आत्म रूप के दर्शन

जहाँ पति-पत्नी अपने व्यक्तिगत अहंभाव, व्यक्तिगत सम्मान, आसपास के वातावरण, रीति-रिवाजों, भावनाओं तथा आदतों से ऊँचे उठ जाते हैं, वहाँ दोनों को आत्मा के (अपने वास्तविक स्वरूप के) दर्शन प्राप्त होते हैं, इससे पहले नहीं।

✤✤

परमेश्वर का चित्र

पति के लिए पत्नी परमात्मा का चित्र है तथा पत्नी के लिए पति। इसका अभिप्राय यह है कि पत्नी अपने पति के तथा पति अपनी पत्नी के शरीर से प्यार तो करे, एक-दूसरे का सम्मान तो करे, किंतु इतना होने पर भी एक-दूसरे के शरीर को परमात्मा का चित्र या पत्र मानकर ही मान्यता दें तथा वास्तविक तत्त्व परमात्मा को ही जानकर, वे एक-दूसरे में लिप्त न हों और एक क्षण के लिए भी ईश्वर का विस्मरण न करें।

✤✤

शराब और कारागार

एक मनुष्य गली में दौड़ रहा है। शराब की बोतल उसकी जेब में से सिर निकाले झाँक रही है। उसकी एक धर्मोपदेशक से भेंट होती है। वह मनुष्य उससे कारागार का मार्ग पूछता है। धर्मोपदेशक के हाथ में एक छड़ी है। उस छड़ी से वह शराब की बोतल को छूता है और

कहता है—"भैया! यह कारागार पहुँचने का सबसे छोटा रास्ता है। यह अवश्य ही तुझे वहाँ ले जाएगी।"

❖❖

स्थिति और मूल्य

यह एक शून्य है। यदि शून्य को दशमलव के दाईं और लिखा जाए तो इसका मूल्य घट जाता है और यदि इस शून्य को दशमलव के बाईं ओर लिखा जाए तो उसका मूल्य बढ़ जाता है। शून्य का स्वत: कोई मूल्य नहीं, उसका मूल्य केवल उसके संबंध अथवा स्थिति के आधार पर होता है। इसी प्रकार विवाह के मामले में भी, इस संबंध के मूल्य का निर्धारण आपकी स्थिति के द्वारा होता है।

❖❖

विवाह-संबंध और द्वैत

जिस समय द्वैत[1] अनुपस्थित हो, पति-पत्नी में पूर्ण एकता हो, न केवल शरीर की एकता, बल्कि मन और आत्मा की भी एकता, उस समय ऐसी स्थिति आती है कि जिसका शब्दों द्वारा वर्णन नहीं किया जा सकता। उस समय शरीर शरीर नहीं रहता, संसार संसार नहीं रहता। वहाँ एकता है, स्वर्ग है, स्वतंत्रता है, निर्भयता है—इस कारण कि पति-पत्नी में द्वैत नहीं रहा। उस समय दोनों में समता है, ऐक्य है, संसार मिट चुका है, दुई का परदा मिट चुका है।

❖❖

दांपत्य संबंध और ऐक्य

जब पति तथा पत्नी आधारभूत सिद्धांत में मिलकर एक हो जाते हैं, तब उस ऐक्य में सबकुछ घुल जाता है, लय हो जाता है समस्त

संसार अदृश्य हो जाता है, 'आत्मन' द्वारा वह निगल लिया जाता है। तब सब जाति, रंग, मन आदि समाप्त हो जाते हैं। एकमात्र रचनात्मक शक्ति शेष रह जाती है—वह है आत्मा।

✤✤

निदिध्यासन का सूर्य

निदिध्यासन से इच्छा-तरंग उच्च से उच्चतर होती जाती है, प्राकृतिक प्रक्रिया द्वारा इच्छाएँ स्वयं ही क्षीण होती जाती हैं। क्यों? प्रचंड सूर्य के सम्मुख बिजली के बल्ब का प्रकाश लुप्त हो जाता है। वह दिखाई नहीं पड़ता। वह तो केवल अंधकार में ही चमक सकता है। धीरे-धीरे, क्रम-क्रम से सूर्य के उज्ज्वल प्रकाश की ओर बढ़ते हुए, आपके लिए कामना की आसक्ति दीपक के प्रकाश की भाँति तुच्छ रह जाएगी। आसक्ति का दीपक चमक नहीं सकेगा।

✤✤

संकीर्णता से पारिवारिक कलह

पारिवारिक कलह संकीर्णता और वस्तुओं पर अधिकार जमाने की भावना से उत्पन्न होती है, तभी हितों का संघर्ष पैदा होता है और विवाह संबंध के पक्ष की बाधाएँ आरंभ होती हैं। वेदांत को समझने का प्रयत्न कीजिए और मुक्त हो जाइए। कोई बंधन नहीं रहेगा, केवल नाममात्र का बंधन रह जाएगा। अपने बच्चों को सर्वथा स्वतंत्र होने की अनुमति दीजिए। इससे मनुष्य कभी विकृत नहीं होता। विकार उसके पास नहीं आते। समस्त विश्व स्वर्ग बन जाता है और तब मनुष्य कभी ईश्वर से धोखा नहीं करता।

✤✤

तलवार से आत्मरक्षा या आत्महत्या

हम लोग तलवार से अपने को मार सकते हैं, अथवा उससे अपनी रक्षा कर सकते हैं। इसी प्रकार मनुष्य पारिवारिक बंधनों का दुरुपयोग करके अपना नाश कर सकता है तथा अपने आध्यात्मिक विकास में बाधा डाल सकता है—अथवा पारिवारिक संबंधों का उचित प्रयोग करके वह अपने को विशाल बना सकता है, अपने को ऊँचा उठा सकता है और अपने अंतरतम में भगवान् का साक्षात्कार कर सकता है।

तत्त्वज्ञान और गृहस्थ धर्म

यदि आप तत्त्वज्ञान प्राप्त करना चाहते हैं—परमात्मा के साथ साक्षात्कार करके उससे अभिन्न होना चाहते हैं—संपूर्ण संसार के साथ अपने साम्य की स्थापना करना चाहते हैं, तो इसका मार्ग गृहस्थ संबंध द्वारा ही आप सरल बना सकते हैं।

सूर्यों के सूर्य की परिक्रमा

हे पुरुषो! हे नारियो! यदि आपने निश्चय किया है कि आपको सूर्यों के सूर्य परमेश्वर की ओर आकर्षित होना ही है, तो जैसे पृथ्वी चंद्र को साथ-साथ रखती हुई अपनी परिक्रमा की क्रिया जारी रखती है, उसी प्रकार आप भी अपने जीवन-साथी को संग-संग रखते हुए, सूर्यों के सूर्य परमेश्वर के प्रकाश के चारों ओर लगातार परिक्रमा कर सकते हैं।

शिशु में ईश्वर के दर्शन

तनिक ध्यान दो, तनिक विचार तो करो, इस नन्हे शिशु के नयनों से होकर तुम्हारी ओर कौन ताक रहा है ? इस शिशु की देह में कौन सी शक्ति, कौन सी चेतनता तथा कौन सी ईश्वरता है, जो उसके रोम-रोम से तुम्हारी ओर ताक रही है ?

✤✤

वेदांत की दृष्टि में संसार

वेदांत का कथन है कि पत्नी पर जो पत्नी-भाव आरोपित है, उसे समाप्त करके उसमें विशुद्ध आत्मा—परमेश्वर—के दर्शन करने लग जाओ। शत्रुओं को शत्रु समझना छोड़ दो, उन पर जो शत्रु भाव आरोपित है, उसे त्याग दो, उनमें निजात्म (परमात्मा) के दर्शन करने लग जाओ। मित्रों का मित्रत्व भाव त्याग दो, उनमें आरोपित मित्रता का भाव छोड़ दो, उनमें परमेश्वर के दर्शन करने लग जाओ। स्वार्थ-भाव से प्रेरित सभी व्यक्तित्व-बंधनों का परित्याग कर दो, प्राणिमात्र में तथा पदार्थ-मात्र में परमतत्त्व की अनुभूति प्राप्त करो।

✤✤

आनंददायी विवाह

जिस विवाह में शरीर के लावण्य, मुख की बनावट, अर्थात् रूपरेखा का कोई विचार नहीं, बल्कि जिसमें हृदय को देखा जाता है, जिसमें आध्यात्मिक मिलन का प्राधान्य होता है, वही विवाह विपत्ति के भय से रहित तथा स्थायी होता है, केवल ऐसे ही विवाह आनंददायी होते हैं।

✤✤

पति और पत्नी का कर्तव्य

हर एक पति का यह परम धर्म है कि वह अपनी पत्नी को शिक्षा प्रदान करे। जो पति अपनी पत्नी को शिक्षा नहीं देता, उसे ऊँचे विचार नहीं देता अथवा जो पत्नी अपने पति का पथ-प्रदर्शन नहीं करती या उसके उत्थान में सहायक नहीं होती, वह पति पति नहीं और वह पत्नी पत्नी नहीं। ऐसा पति भी पापी है और ऐसी पत्नी भी।

साधन और साध्य

जो वस्तुएँ वास्तव में सुख का कारण थीं, उन्हें ही दुःख का कारण बना लिया जाता है। जो केवल साधन हैं, उन्हें साध्य नहीं मान लेना चाहिए। धन-संपत्ति तो केवल सर्दी-गरमी से रक्षा करने, भूख-प्यास को मिटाने तथा बिना विघ्न-बाधा तथा भय के एकांत में सुरक्षित रहने के साधन हैं।

सादा जीवन, उच्च विचार

जिन्हें सदा मोटा खाना, मोटा कपड़ा मिलता था, उन्होंने जगत् का महान् उपकार किया है। हिंदुस्तान के प्राचीन हिंदू लोग वन के कंद-मूल खाकर ही जीवन-निर्वाह किया करते थे। किंतु इन्हीं व्यक्तियों ने विश्व को सर्वोत्तम तत्त्वज्ञान, वेदांत, मुक्ति तथा भक्ति का दर्शनशास्त्र दिया है।

ऊँच निवास, नीच करतूती

अपने को उत्तम तथा श्रेष्ठ मनुष्य बनाने का प्रयत्न कीजिए।

शानदार तथा ऊँचे भवनों के निर्माण में अपनी सामर्थ्य का अपव्यय मत कीजिए। अपने विचारों का नाश न कीजिए। अनेक भवन अत्यंत ऊँचे तथा विशाल हैं, किंतु उनमें निवास करनेवाले मानव सर्वथा तुच्छ तथा बौने हैं। हिंदुस्तान में बहुत से बड़े-बड़े मकबरे हैं, किंतु क्या आप जानते हैं कि उनके अंदर क्या है? सिर्फ सड़ी-गली हुई लाशें, रेंगते हुए कीड़े तथा सर्प!

अतिथि-सत्कार की श्रेष्ठ विधि

यदि आपका अतिथि पहले से अधिक समझदार बनकर वापस जाता है तो उसके खान-पान आदि की बहुत अधिक चिंता मत कीजिए। खान-पान, पलंग-बिस्तर आदि की अपेक्षा अपने अतिथि को कोई श्रेष्ठतर वस्तु दीजिए। आप उसे सद्‌बुद्धि दीजिए, प्रज्ञा दीजिए, ज्ञान दीजिए। उसे अपने प्रेम का, हार्दिक स्नेह का आनंद प्रदान कीजिए।

महती सेवा-शुश्रूषा

स्मरण रहे कि यदि मैं आपको एक पाई भी न दूँ, आपके शरीर की कुछ भी सेवा न करूँ, केवल स्नेह करूँ, निर्मल हृदय से आपके अर्पण अपनी स्नेह भरी मुसकान करूँ—तो आपका खिलना, ऊँचे उठना, आनंद से उछल पड़ना निश्चित है। इसी से आपकी बड़ी भारी सेवा-शुश्रूषा हो जाती है।

दिव्य प्रेरणा का स्रोत

श्रीकृष्ण को दिव्य प्रेरणा कहाँ से प्राप्त होती थी? अपने अंदर

से ही तो। यदि वे अपने अंत:करण से ज्ञान प्राप्त कर सकते थे तो क्या तुम ऐसा नहीं कर सकते ? अवश्य ही आप भी ऐसा करने में समर्थ हो सकते हैं। वह मूल स्रोत, वह भंडार, वह झरना, वह निकास, जिससे उन्हें प्रेरणा प्राप्त होती थी, आपके भीतर भी है—सर्वथा उसी रूप में!

✤✤

प्रेम का स्वरूप

आप एक व्यक्ति से प्रेम करते हैं, उसका हित, उसकी प्रसन्नता और उसका दु:ख जो है, वही आपका है। जिन वस्तुओं से उसे कष्ट पहुँचता है, उन्हीं से आपको कष्ट होता है, जो चीजें उसके लिए सुखदायी हैं, वही आपके लिए भी सुखदायी हैं, जिन पदार्थों से उसे प्रसन्नता मिलती है, उन्हीं से आपको भी मिलती है, इसे ही प्रेम कहते हैं। आप किसी भी व्यक्ति से उसके लिए प्यार नहीं करते, उसके अंदर अपने आप से प्रेम करने लगते हैं।

✤✤

अनासक्त आत्मा

अनासक्त आत्मा लोक-लोकांतरों में सबसे महान् है, क्योंकि लोक-लोकांतर उसी पर आधारित हैं, सूक्ष्म-से-सूक्ष्म वस्तुओं की सूक्ष्मतम ग्रंथियों से भी सूक्ष्म, चरम सीमांत से भी परम प्राणियों के अंत:करण में स्थित है। विश्राम करता हुआ भी वह सर्वत्र व्यवस्था करता है, सुप्त भी वह विश्व में भ्रमण करता है, अनिद्रित!

✤✤

चिंता व्यर्थ है

प्रकृति ने मेरी सेवा के लिए कमर कसी हुई है। देवताओं ने मेरा

भला करने के लिए शपथ ली हुई है। ऐसी अवस्था में मेरा किसी बात पर कुढ़ना, चिंतित होना, शोकातुर होना उसी प्रकार बुद्धिहीनता का कार्य होगा, जैसे एक अबोध बालक का सिपाही को देखकर भयभीत होना। सिपाही तो शहर के लोगों की सेवा के लिए नियुक्त है।

❖❖

भारत की उपासना

मेरी प्रेमभरी आँसुओं की बूँदें भारत के खेतों और मैदानों में ओस-कण बन जाएँ। जैसे एक शैव शिव की उपासना करता है, एक वैष्णव विष्णु की, एक बौद्ध की, एक ईसाई ईसा मसीह की, एक मुसलमान मुहम्मद की—उसी अनुराग की ज्वाला और लज्जा की लालिमा से मैं भारत को देखता हूँ—मैं भारत की उपासना करता हूँ।

❖❖

भारतमाता की पूजा

हे भारतमाता! मैं तेरी पूजा करता हूँ, तेरे नाना रूपों को नमस्कार करता हूँ—मेरी गंगा है, मेरी काली माँ है, मेरा इष्टदेव शिवलिंग है। पूजा के विषय में मेरे देवता ने, जिसने भारतमाता की मिट्‌टी खाई थी, कहा था—"अव्यक्त निराकार पर आसक्त मनवालों के लिए कठिनाइयाँ अधिक होती हैं, क्योंकि मूर्त के लिए अव्यक्त मार्ग पर चलना कठिन होता है।" अच्छा मेरे मधुर कृष्ण! मेरी पूजा दिव्य के मूर्त रूप को अर्पित है।

❖❖

अवनति का कारण

भारत की भौतिक अवनति का दोष धर्म अथवा आध्यात्मिकता

को नहीं दिया जा सकता। यह उपवन तो इसलिए लुट गया था कि यहाँ काँटेदार बाड़ें और चुभनेवाली झाड़ियों की चारदीवारी न थी।

❖❖

देश की निद्रा और जागृति

भारत दीर्घकाल तक निद्रामग्न रहा, अब उसका जागरण सबसे अधिक उल्लेखनीय बनने जा रहा है। हमें भारतीयों में जिस भावना को जाग्रत् करना है, वह है—'सराहना की भावना, आलोचना की नहीं, मातृभाव की अनुभूति, समन्वय की बुद्धि, कार्यों में तालमेल और श्रम का सम्मान। आइए, हम संपर्क के बिंदुओं को, मेल-जोल की बातों को खोजने का प्रयत्न करें और हममें जो एकताएँ, समानताएँ और एकसूत्रता हैं—उन पर बल देने का प्रयत्न करें।

❖❖

सब की सेवा

हमारा अधिकार केवल इतना ही है कि हम सबकी सेवा करें। हम सबकी समान रूप से सेवा करें। उनकी सेवा करें, जो हमें प्रेम करते हैं और उनकी भी सेवा करें, जो हमसे घृणा करते हैं। माता उसी बच्चे से अधिक प्यार करती है, जो सबसे दुर्बल हो और सबसे हीन हो। आपसे जो लोग मतभेद रखते हैं, क्या वे सभी गलत हैं? यदि ऐसा हो तो भी देश को उनकी आवश्यकता है।

❖❖

गुरु गोविंदसिंह

गौरव के गुरु गोविंदसिंह ने व्यक्तिगत, पारिवारिक तथा सामाजिक धर्मों को राष्ट्र-धर्म के लिए न्योछावर कर दिया। इस वीरता की बराबरी संसार का कौन सा वीरतापूर्ण कार्य कर सकता है?

विविधता में एकता

अरे! पतवार जहाँ है वहीं रहने दो। अपनी जगह सँभालो, स्थान न बदलो। सभी एक ही दिशा में चप्पू चलाओ—एक ही दिशा की ओर नाव को ले जाओ। इस प्रकार समन्वय, इस प्रकार की विविधता में एकता द्वारा ही प्रगति का विश्वास उत्पन्न हो सकता है। इस प्रकार, अपने-अपने पद पर जमे रहो, गाओ—चप्पू चलाओ और नाव को आगे बढ़ाओ। राष्ट्रीय हित की यही माँग है और संपूर्ण देश के स्वार्थ या हित में ही व्यक्ति का स्वार्थ निहित है।

व्यक्ति और समाज

एक डूबता हुआ समाज आपको अलग-अलग रहने की अनुमति नहीं दे सकता। यदि समाज डूबता है तो आप अवश्य डूबेंगे, यदि समाज ऊँचा उठता है, तो आप अवश्य ऊँचे उठेंगे। यह विश्वास करना नितांत मूर्खता होगी कि एक अपूर्ण समाज में एक व्यक्ति पूर्ण हो सकता है। क्या हाथ शरीर से कटकर अपने को पूर्ण शक्तिशाली बनाने की आशा कर सकता है?

भिन्न मत का साहस

क्या अपने सत्यपूर्ण जीवन के हेतु, आप समाज से भिन्न मत रखने और उससे अलग होने के लिए बाध्य हैं? क्या आप ऐसा सोचते हैं? यदि ऐसा है तो आप दृढ़ता से अकेले खड़े हो जाएँ। डरें या झिझकें नहीं। यह पुरुषत्व है, मर्दानगी है। आप देखेंगे कि तरंग आपके साथ हो जाएगी—लहर आपके पीछे-पीछे चलेगी। जो अतीत पर दावा करते हैं, उन्हें करने दो, परंतु भविष्य आपका होगा।

एकता और सत्य

जो एकता सत्यपालन का समर्थन नहीं करती, क्या वह देश की रक्षा कर सकती है ? क्या आप लोगों को अंधकार में रखकर उन्हें संगठित कर सकते हैं ? क्या त्रुटियों, गलतियों और अंधविश्वासों की गुलामी के बंधनों में जकड़े समाज में समन्वय लाया जा सकता है ?

प्रकाश दिखलाइए

आप अपने प्रकाश को छिपाकर रखते हैं, इससे अच्छा था कि आपके पास प्रकाश ही न होता; बेचारे जनसाधारण तो अँधेरे में ठोकरें खा रहे हैं और आपने अपना प्रकाश छिपा रखा है ! वह अपराधी है और अपने पद के अधिकार का त्याग करने का दोषी है, जो सहानुभूति-सहायता के शब्द को मन में छिपाकर मौन बना रहता है, जबकि किसी को उस शब्द की आवश्यकता हो।

जय और सत्य

जिनको विजय तथा लक्ष्मी की इच्छा है, उन्हें सदा अपनी दृष्टि धर्म पर टिकाए रखनी चाहिए। विष्णु का अर्थ है, सत्य और धर्म—लक्ष्मी का अर्थ है धन तथा विजय। जहाँ सत्य तथा धर्म का अभाव है, वहाँ न धन है, न जय। यदि आप विष्णु के धर्म से विमुख होकर चाहेंगे कि लक्ष्मी रूपी विजय तथा धन-संपत्ति प्राप्त हो जाए तो ऐसा कदापि संभव नहीं।

छुआछूत छोड़ो

भाई को मारने या उससे शत्रुता रखने अथवा उसके प्रति घृणा करने से पिता कभी प्रसन्न नहीं हो सकता। तब क्या किसी मनुष्य के प्रति घृणा करने से अथवा उसे नीच या अछूत समझने से परमपिता, परमेश्वर, जो सबका बाप है, कभी प्रसन्न हो सकता है? नहीं, कभी नहीं।

स्वार्थ-भावना

यदि हम लोगों में स्वार्थ न भरा हुआ होता तो भारत को कभी विदेशियों के पैरों में न गिरना पड़ता। सोचिए, स्वार्थ भावना ने आपका क्या-क्या अहित किया! स्वार्थ भावना ने भारतवासियों को स्वर्ग से पाताल में गिरा दिया। मानव को यही भावना पशु बना देती है, यही सिंह को स्यार बना देती है। प्रियवर, अब क्या आप उसे छोड़ेंगे?

सत्य ब्रह्मविद्या

सत्य ब्रह्मविद्या के प्रकाश द्वारा ही आप हर चीज से प्यार करने लगेंगे तथा उनके अंदर जो गुण हैं, जिनकी सहायता के बिना आपकी तरक्की की राह रुकी हुई है, उन्हें प्राप्त करने में आप संकोच नहीं करेंगे। तब आप देखेंगे कि आपकी उन्नति कैसी अबाध होती जाएगी!

धर्मवीर और धर्मभीरु

भारतीय धर्मवीर तथा धर्मभीरु होते थे। धर्मवीर इस कारण कि वे अपने शरीर को तुच्छ समझते थे। धर्मभीरु इस कारण कि

वे धर्म के विरुद्ध कोई भी काम करने से डरते थे कि कहीं धर्म की हानि न हो।

✤✤

प्राचीन भारतीय

अपने तन के साथ वे जैसा व्यवहार करते थे, वैसा ही व्यवहार वे दूसरे के तन के साथ भी करते थे। वे अपने में तथा दूसरे में भेद नहीं मानते थे। उनकी दृष्टि में विश्व के समस्त प्राणी एक समान थे। वे चाहते थे कि सभी धर्मात्मा हों।

✤✤

अनुपम भारतीय शास्त्र

भारतीय होकर तुम अपने अनुपम शास्त्रों की ओर ध्यान क्यों नहीं देते? उनका अध्ययन, विचार, चिंतन तथा मनन क्यों नहीं करते? ओह! क्या आपको विदित नहीं है कि आपके पूर्वजों ने किस प्रकार आपके लिए अक्षय भंडार भरकर रख दिया है? ऐसे भंडार के पास होने पर भी प्यारो! भूखे मत मरो, मत ठोकरें खाओ, इधर-उधर मत भटको। इस भंडार का उचित प्रयोग करो।

✤✤

प्राचीन भारत में महिलाएँ

श्रीकृष्ण के युग में भारतीय महिलाएँ ब्रह्मचर्य से रहती थीं। अतएव वे कठिन-से-कठिन काम कर गुजरती थीं। सत्यभामा श्रीकृष्ण के साथ संग्राम में स्वयं गई थीं। उस युग में स्त्रियों को खूब विद्या पढ़ाई जाती थी। रुक्मिणी, सत्यभामा आदि अत्यंत सुशिक्षिता थीं। द्रौपदी इस प्रकार की सुशिक्षिता थी कि उसने राजसभा में जो प्रश्न

पूछे थे, उनका उत्तर देना भीष्म पितामह जैसे महान् व्यक्ति के लिए भी कठिन हो गया था।

गरमी का अवनति से क्या संबंध?

जब भारतवासी चक्रवर्ती राज्य किया करते थे, तब क्या भारतवर्ष गरम नहीं था? जब भारतीयों ने महान् दर्शनशास्त्रों की रचना की थी, क्या हिंदुस्तान गरम नहीं था? भारतीयों ने वायुयान आदि तरह-तरह के कला-कौशल निर्माण किए थे, तब भारत गरम नहीं था? अतएव प्रिय बंधुओ! सर्दी या गरमी उन्नति में साधक अथवा बाधक नहीं। यदि सर्दी उन्नति का कारण होती तो तिब्बत आदि देशों में सबसे अच्छी दशा होती।

धर्म-लाभ का फल

जिसे अद्वैत दृष्टि प्राप्त हो जाती है, वह स्वयं परमात्मा हो जाता है; वह स्वयं ब्रह्म है, जो मन तथा बुद्धि से अगोचर है। जो मानव इस ब्रह्म के दर्शन मात्र प्राप्त कर लेता है, वह भय तथा चिंता से मुक्त होकर आनंद को प्राप्त करता है। जिस मनुष्य को ब्रह्म के साक्षात्कार का सौभाग्य प्राप्त हो जाता है या दूसरे शब्दों में, जिससे धर्म की प्राप्ति हो जाती है, उसका चरित्र निर्मल, निश्छल तथा निष्पाप हो जाता है। यही कारण है कि धर्म की हम सबके लिए आवश्यकता है।

वास्तविक हवन

सुगंध तो हवन का एक छोटा सा भाग है। हमें ठीक प्रकार से

हवन करना चाहिए, अर्थात् दीन-हीनों, अनाथों की सेवा तथा रक्षा करनी चाहिए। वह भी ऐसी रीति से करना उचित है, जिससे हमारे मूल उद्‌देश्य को क्षति न पहुँचे।

❖❖

सहानुभूति ही यज्ञ है

आपसे जो लोग धन, विद्या, शक्ति या पदवी में छोटे हों, उनके प्रति आपको उसी प्रकार सहानुभूति प्रकट करनी चाहिए तथा उसी प्रकार उनकी मदद करनी चाहिए, जिस प्रकार आप अपने छोटे बच्चों की करते हैं। बदले में कुछ पाने की भावना मन से निकालकर आप उनकी अपने बच्चों के समान सेवा करके माँ का आनंद प्राप्त करें। आप सबको आध्यात्मिक भोजन दान करें, यही सबसे महान् निष्काम यज्ञ है।

❖❖

औद्योगिक क्रांति

यदि तुम उद्योग-धंधों तथा कला-कौशल में प्रतिदिन उन्नति करनेवाली वर्तमान शताब्दी में जिंदा रहना चाहते हो, यदि तुम यह नहीं चाहते कि तुम राजनीतिक क्षय रोग से पीड़ित होकर घुल-घुलकर मृत्यु के ग्रास बनो तो विद्युत्, रूप मातरिश्वा पर कब्जा कर लो, वाष्प रूपी वरुण को अपना वशवर्ती बना लो, कृषि शास्त्र रूपी कुबेर से घनिष्ठ परिचय करो। इन देवों से तुम्हारा परिचय कराने वाले होंगे, इन विद्याओं के अध्यापक, वैज्ञानिक तथा कलाकार।

❖❖

प्रकृति में ईश्वर के दर्शन

प्रकृति में ईश्वर के प्रकृति-रूप के दर्शन अवश्य करो, किंतु तनिक

अपने दृष्टिकोण को विस्तृत बनाओ तथा रासायनिक प्रयोगशालाओं तथा विज्ञान संस्थानों में भी परमात्मा के दर्शन करो। रासायनिक की मेज भी आपको यज्ञाग्नि के तुल्य पवित्र प्रतीत होनी चाहिए। प्राचीन हवन-अग्नि को हम पुनः जीवित नहीं कर सकते; किंतु उस प्राचीन काल के प्रति प्रेम, श्रद्धा तथा भक्ति को हम पुनः संस्कारित तो कर सकते हैं और यह हमें अवश्य करना चाहिए। दूसरे शब्दों में, अपने वर्तमान कार्यों में उन्हीं ऊँची भावनाओं का प्रयोग करो, जिनको करना समय की आवश्यकता के अनुसार नितांत अनिवार्य है।

श्रम में यज्ञ

अपने सभी कार्यों में पवित्रता तथा निर्मलता का संचार करो। यदि मैं यज्ञाग्नि प्रज्वलित नहीं कर सकता तो मैं लुहार की अग्नि को यज्ञ की अग्नि के समान पवित्र बनाऊँगा। प्रियवर! यह तो आपकी सबमें राम देखने की दृष्टि पर आश्रित है कि आप किसान की कुदाल को इंद्र का वज्र बना सकें। इसी ब्रह्म अथवा आत्म-दृष्टि की प्राप्ति ही वास्तव में यज्ञ का मुख्य उद्देश्य है।

देव-बलि का शुद्ध रूप

यज्ञ में देवताओं के लिए बलि भेंट देने का तर्कसंगत तात्पर्य क्या है ? यही कि हम व्यक्तिगत शक्ति को उसी विषय की समष्टिगत शक्ति के अर्पण कर दें, जिससे व्यक्ति की छोटी आत्मा उस सर्वव्यापक आत्मा के साथ तल्लीन हो जाए; मैं अपने पड़ोसियों को आत्म-रूप समझूँ तथा अपनी इच्छा को ईश्वरीय इच्छा में लय कर दूँ। उदाहरण के रूप में आदित्य को बलि भेंट चढ़ाने का तात्पर्य है कि हमारा दृढ

निश्चय और पक्का हो जाए कि हम अपने अनुचित बरताव से किसी भी आँख को कष्ट न पहुँचाएँ। हमारी ओर जो भी दृष्टिपात करे, उसी की ओर हम स्नेह, प्रसन्नता तथा शुभकामनाओं की भेंट चढ़ाएँ, ताकि सब चक्षुओं में परमात्मा के दर्शन होने लगें।

□

22

कुछ गीत

स्वामी राम का एक गीत

बाँकी अदाएँ देखो! चंद का सा मुखड़ा देखो।
वायु में, बहते जल में, बादल में मेरी लटकें,
तारों में, नाजनीं में मोरों में मेरी मटकें॥
चलना ठुमक-ठुमककर बालक का रूप धरकर,
घूँघट अबर उलटकर, हँसना यह बिजली बनकर॥
शबनम, गुल और सूरज, चाकर हैं तेरे पद के,
यह आन-बान सज-धज, ऐ राम तेरे सदके॥
जगत् सारा वार डारूँ राम तेरे नाम पर।
इंद्र, ब्रह्मा वार डारूँ, राम तेरे धाम पर॥

दूसरा गीत

ठंडक भरी है दिल में, आनंद बह रहा है।
अमृत बरस रहा है, झिम-झिम-झिम!
फैली है सुबहे-शादी[1], क्या चैन की घड़ी है।
सुख के छूटे फुहारे, फरहत[2] चहक रही है॥
क्या नूर[3] की झड़ी है, झिम-झिम-झिम!
शबनम[4] के दिल ने चाहा पामाल[5] कर दे गुल[6] को।
सब फिक्र मिलकर आए कि निढाल कर दे दिल को॥
आया सबा[7] का झोंका, वह सबाये[8] रोशनी का।
झड़ती है शबनमे गम, झिम-झिम-झिम!
डटकर खड़ा हूँ, खौफ से खाली जहान में।
तसकीने[9] दिल भरी है, मेरे दिल में जान में॥
सूँघे जमाँ[10] मकाँ[11] मेरे पा[12] को मिसाले सग[13]॥
मैं कैसे आ सकूँ हूँ, कैदे-बयान[14] में॥
ठंडक भरी है दिल में, आनंद बह रहा है।
अमृत बरस रहा है, झिम-झिम-झिम!

---

1. आनंद की प्रभात वेला। 2. आनंद। 3. प्रकाश। 4. ओस। 5. पैर से मसलना। 6. फूल। 7. पूर्वी पवन। 8. प्रकाश रूपी पवन (सूर्य)। 9. दिल का चैन। 10. देश। 11. काल। 12. पैर। 13. कुत्ते की तरह। 14. वर्णन के बंधन में।

तीसरा गीत

शाहंशाहे[1] जहान है, सायल[2] हुआ है तू।
पैदाकुने-जमान[3] है, डायल[4] हुआ है तू॥
सौ बार गरज होवे तो धो-धो पिएँ कदम[5]।
क्यों चरखो[6]-मिहरो[7]-माह[8] पै मायल[9] हुआ है तू॥
खंजर की क्या मजाल[10] कि इक जख्म कर सके।
तेरा ही है खयाल कि घायल हुआ है तू॥
क्या गदा ओ शाह[11] का राजिक[12] है कोई और।
इफ लासो-तंगदस्ती[13] का कायल[14] हुआ है तू॥
टाइम[15] है तेरे मुजरे के मौके[16] की ताक में[17]।
क्यों डर से उसके मुक्त में जायल हुआ है तू॥
हम बग़ल[18] तुझसे रहता है हर आन[19] राम तो।
बन परदा अपनी वस्ल[20] में हायल हुआ है तू॥

□

---

1. चक्रवर्ती सम्राट्। 2. भिक्षुक। 3. समय का पैदा करनेवाला। 4. घड़ी का डायल। 5. पैर। 6. आसमान। 7. सूरज। 8. चाँद। 9. मुग्ध। 10. शक्ति। 11. फकीर तथा राजा। 12. अन्नदाता। 13. गरीबी। 14. सहन करनेवाला। 15. समय। 16. मौके के इंतजार में। 17. प्रतीक्षा में। 18. अंग-संग (साथ)। 19. हर वक्त। 20. मिलन में बाधक, दो के बीच में रुकावट।

23

स्वामी राम की लेखनी से अंतिम संदेश

ओ मौत! बेशक उड़ा दे इस जिस्म को; मेरे और शरीर ही मेरे लिए कुछ कम नहीं। सिर्फ चाँद की किरणें, चाँदी की तारें पहनकर चैन से काट सकता हूँ। पहाड़ी, नदी-नालों के भेष में गीत गाता फिरूँगा। बहरे भव्वाज (आनंद के महासागर) के लिबास में लहराता फिरूँगा। मैं ही बादे खुश खराम (मनोहर पवन) और नसीमे मस्ताना गाम (प्रभात काल की पवन की मस्ती) हूँ। मेरी सूरते सैलानी (मन-मौजी आकृति) हर वक्त रवानी (प्रवाह, हलचल) में रहती है। इस रूप से पहाड़ों में उतरा, मुरझाते पौधों को ताजा किया, गुलों (फूलों) को हँसाया, बुलबुल को रुलाया, दरवाजों को खटखटाया, सोतों को जगाया, किसी का आँसू पोंछा, किसी के घूँघट को उड़ाया। इसको छेड़ उसको छेड़, तुझको छेड़। वह गया! वह गया! वह गया! न कुछ साथ रखा, न किसी के हाथ आया।

□□□